寂聴先生、
コロナ時代の
「私たちの生き方」教えてください

寂聴先生、
コロナ時代の
「私たちの生き方」教えてください！

何が自分にとって価値を持つのか、
幸せとは何か、豊かさとは何か、
思い直すときが来ている。
大切な人を守るために——

瀬尾まなほ

100年近く生きてきて、
初めて出遭った目に見えない敵。
あの酷い戦争と匹敵するくらい、
大きな変わり目になる――

瀬戸内寂聴

まえがきにかえて――

誰もいない、静かな98回目の誕生日

瀬尾まなほ

「まさか最晩年にこんなことが起きるとは」

御年98歳の瀬戸内寂聴先生はこう言った。

今年に入り中国・武漢で発生した、新型コロナウイルスの感染被害が日に日に拡大し、日本ではクルーズ船「ダイヤモンド・プリンセス号」での感染と、あっという間に日本中に感染が広がった。先生の寺院「寂庵」がある京都でも感染者が増えていく。ニュースは新型コロナについて連日大きく取り上げるようになった。

「新型コロナウイルスの感染もとに寂庵がなってしまっては大変なことになる。全国から来られる法話の参加者はお年寄りもいるし、先生にうつる可能性がある。いまのうちに法話は中止にしたほうがいいのでは?」

「今後どうなるかわからないし、早めに対応しよう」

2月には先生と私たちスタッフが話し合い、毎月ある法話の会を中止、その他の寂庵でのすべての行事も当面やめることにした。

そのときはまだ、「万が一に備えて」という程度だったが、すぐにそのような容易《たやす》い雰囲気ではなくなった。政府により感染者の多い7都府県に出されていた緊急事態宣言は、日本全国へと拡大された。

「STAY HOME」――家にいよう。

「ソーシャルディスタンス」――人とのある一定の距離を保とう。

京都は東京や大阪に比べ、宣言が出されるのが少し遅かったが、ニュースで見る各国や日本の緊迫した状況はもう他人事《ひとごと》ではなかった。感染で亡くなる人も日に日に増えていった。

ガラリと空気が変わる。

私はというと、昨年の12月に息子を出産し、育児休暇を終え、4月より寂庵に復帰する予定であった。毎月何度か先生に会いに、また溜まった仕事をしに寂庵へ来ていたので、あらためて復帰するという特別な感覚はなかった。それでも本格的に仕事を再開するため、4月から息子を保育園へ預けることに決めた。

生後4カ月の息子を保育園へ預けることは、寂しく不安もあり、初日は不安で心配で、泣いてしまった。

「ママと離れて寂しがって泣いていないか」

と先生は一緒になって心配してくれた。

息子のことをとても可愛いがってくれ、生後間もないときから、

「あの子に体操を教えてあげる。身体《からだ》が柔らかくなるのよ！　私の娘もそれでいまもあんなにスタイルがいいのだから」

娘さんのスタイルがいいのは長年バレエを続けていらっしゃるからだと思うけれど、あまりにも自信満々に言うので、それは黙っておいた。

息子には、

「将来、女たらしになりましょう〜！　必ずノーベル賞をとりましょう〜！」

などと話しかけている。先生のベッドを占領し、隣で眠り、元気すぎて足をバタバタさせ、先生を蹴り上げる。そんな恐れ知らずなのは、この世で息子ただひとりではないだろうか。

先生を真っすぐ見つめる息子の眼差《まなざ》し。息子が笑うと花が咲いたように、パァッとその場が明るくなり、先生が喜ぶ。

その光景は私の心を温かくさせる。いつまでも、この瞬間が続けばいいのに……。

京都でも新型コロナの感染者数が、日に日に増加するニュースを受け、息子を保育園へ登園させることに、不安が芽生えた。なぜなら、当初は高齢者が感染しやすいと言われていたのに、生後間もない赤ちゃんが感染したというニュースが流れたから。人が多いと、新型コロナだけではなく、インフルエンザなどにもかかる可能性もあり、子ども同士の感染も。しかし、産休から復帰した直後で、これ以上仕事を休み、家で息子をみたいなんて言えない。けれど不安だ。私は悩み、心は大きく揺れていた。

「いまはこんな時期で、来客もないし、私も執筆の仕事だけだから、赤ちゃんを家でみながら仕事したら?」

と先生が言ってくれた。

「え、それでいいのですか!?」

先生の配慮で私は週に2回の出勤にさせてもらい、ほかの日は自宅で息子をみながら仕事をすることになった。保育園にも電話し、当面お休みさせてもらうことを伝えた。

私の場合は、理解ある先生のおかげでこんなことができたが、そんな職場は、滅多にない。不安な中、子どもを預けざるを得ない母親がたくさんいる。先生の優しさに感謝の気持ちでいっぱいである。

先生はいつも息子のことを気にかけてくれ、

「あの子は今日は、どうしているの？」

と毎日のように聞いてくれる。リモートワーク中も何度も息子を連れて寂庵へ行った。

「いつまでこの子の成長を見られるかな」

なんて言う。そんなことを聞くと、いつか必ず訪れる先生との最後の日を想像して泣きそうになる。いまから既に悲しい。

寂庵ではすべての行事を取りやめたため、来客もなくなり、静かな日々であった。私たちスタッフは、「98歳の高齢の先生に私たちから感染させたくない」と手洗いやうがい、マスク着用を徹底した。私自身も「行動範囲はできるかぎり家と寂庵の往復のみ」と決め、人混みを避けた。

先生はというと、6本も連載を抱えており、暇になる様子は一切なかった。

寂庵は桃源郷のようで、新型コロナで大騒ぎの世間とはかけはなれていた。庭には季節の花が咲き乱れ、鳥が唄い、静かで穏やかな時間が流れていた。

先生はいつも、

「この寂庵の庭は、まさに浄土ね」

と言っていた。

寂庵恒例の桃の節句のお雛様飾りも、法話の会の際、特別に雛の間を公開し、お客様にお披露目し喜んでいただいているのだが、残念ながら今年は、先生と寂庵のスタッフだけが見て終わった。4月8日、お釈迦様の誕生日の花祭りも中止。

そんな中、5月15日に先生の98回目の誕生日を迎えた。京都では三大祭りのひとつ「葵祭」の日でもあるというのに、誰も来ない、ひっそりした誕生日。当日は密を避けながら、私たちスタッフだけでつつましくお祝いをした。

毎年、先生の誕生日には、全国より朝からたくさんのプレゼントやお花が届く。今年は新型コロナ感染拡大に伴い、葵祭の行列行事「路頭の儀」も中止になった。静かな京都。全国的にも「STAY HOME」が徹底されているわけで、今年はプレゼントやお花も来ないのも当然だと思っていたが、例年と同じく門を叩いてたくさんのお花とプレゼントが届いた。なんてことだろう！

先生は自粛期間中、比較的ゆっくりと過ごしていた。法話がないため、人前に出る機会もなく、

「静かでいい」

と言っていた。でも私には反対に、おしゃべりで人が好きな先生は、つまらなそうで

退屈しているように見えた。

この間、先生はたくさんの本に読みふけっていた。特に『哲学と宗教全史』（出口治明著）を一生懸命、締め切りの原稿をそっちのけで読んでいた（締め切りの執筆を優先してくださいね！）。

私が先生の部屋に行っても、その分厚い本を読んでいて、

「先生、何を読んでいるのですか？」

と聞くと、

「『哲学と宗教』。私には今更何よ、って感じだけど、それが面白くて！」

と笑っていた。

今回の担当編集者がそれを聞いて「ぜひ、読後感想を！」と言っていたが、いつのまにかその本の上に新しく違う本、本、本……と積み上げられていて、あれから読まれた気配はない。

その編集者の言葉をあらためて先生に伝えると、

「読みます！」

と即答したが、先生の気はもう違うほうへ行ってしまった。日に日に上に新しく本が積み上げられて行き、一番下にあるその本をとるとジェンガのように本の山が崩れてしまいそうで、恐ろしく、私も感想の催促ができなくなってしまった。そして何より先生の部屋がこれ以上散らかってはいけない！

その後も、

「この対談本のために新型コロナウイルスのことを夜中、一生懸命勉強して疲れた」

と言っていたのに、コロナ関連本の内容に沿ったコメントは一度も出てこなかった。

「先生、本に付箋も貼ってあるし、ちゃんと読まれて勉強されたんですよね!?　何聞かれても答えられるって」

「そうよ、真夜中ずっと勉強していたけど……何書いてあったか忘れてしまったわ!!」

と、思わずガクッときてしまうようなことを言う。

そして最後には、

「コロナって本当に何なのよ」

と、のたまうのであった。


誰もが想像できないことがいま起きていて、「当たり前だった日常」が遠い昔のように感じてならない。真夏にマスク着用なんて、いままでならば考えられない。

みんなが思うことはひとつ——いつになればコロナは消えてくれるのか。

梅雨の湿気でコロナは死ぬ？　夏の紫外線でコロナは消える？

そんな根拠もない噂が流れる。

年内で収束する？　来年になれば以前のような生活が送れる？

寂庵にも先生宛てに、この漠然とした現状を不安に思う声がたくさん寄せられた。こんなときだからこそ、先生の言葉を待っている人がたくさんいるということを強く実感する。

今回のこの危機により私はいままでの自分の考えでは生きていけない気がした。何が自分にとって価値を持つのか、幸せとは、豊かさとは何か、思い直すときが来ている。

大切な人を守るために、自分ができることを再度考えていく必要がある。

自分にとって大切な人だけでいいのか、自分の家族だけが幸せであればいいのか。

いや、そんなはずはない。

それも含め、生まれたばかりの息子を抱え、母親として、今後どう生きていくべきなのか。

ひとりの人間として、母親として、先生に問いかけてみた。

およそ100年間生きてきた先生は、今回のコロナ危機を、作家として、宗教者として、どう見て、どう感じているのか。

「昨年死んでいたら、こんなこと知らずに済んだ。こんなことが起きるなんて本当に思いもしなかった」

と言う先生に、率直に聞いてみたい。

先生、私たちはいったいどうすればいいのでしょうか？

新型コロナウイルスとこれからの私たちの生き方について、教えてください！

2020年7月

瀬尾まなほ 撮

目次

撮影　篠山紀信

■心がまえI —— 大丈夫

先生、不安を抱いている妊婦さんに、どんな言葉をかければいいですか？

まなほ　この3カ月間は、ほとんどどなたともお会いになっていないですよね。

寂聴　そう。皆さん、遠慮して来なかった。

まなほ　先生は毎日、何をして過ごしていましたか。

寂聴　寝て、食べて、飲んで、本ばかり読んでいた。あとは新聞や文芸誌の連載があるから、その原稿を書いていた。いまでも締め切り前は徹夜をしてる。

まなほ　ずっとひとりで寂しくなかったですか。

寂聴　ちっとも！　いつも寂庵はにぎやかだけれど。いつだって17時にはあなたたちスタッフはみんな帰ってしまう。それからは、夜中もずっとひとり。その時間がとてもいい。ひとりでいることはとても心が落ち着く。寂しくなんかない。

まなほ　私にはつまらなさそうに見えましたよ。毎日に張り合いがないから。

寂聴　それはまなほが思っているだけのこと（笑）。あなたに私のことなんかわかるものですか。生きてきた年月が違う。

まなほ　でも、先日お客様が来たあとは「やっぱり人と会って話すと元気になるわ」と言っていましたよ。

寂聴　それは確かに元気になる。よく喋るから血の巡りがよくなる。お腹もすくし（笑）。

まなほ　先生、このコロナ騒動で「STAY HOME」という言葉が生まれて、歌手や俳優やアーティストたちが家でみんなが楽しめるようにと、動画を配信したりしたんです。「辛いけど頑張ろう」という曲をつくったり、コメントやメッセージを動画で流したり。そういうことは知っていましたか。

寂聴　まったく知らない！

まなほ　インターネットは見ていませんものね。では、どういう本を読まれていたんですか。

寂聴　送っていただいた厚い本をいままで読めずにいたから、いい機会だなと思って片っ端から読んだ。井上荒野さんとか江國香織さんの小説もとても面白かった。あと、出口治明さんの『哲学と宗教全史』というすごく分厚い本も読み始めたの。死ぬ寸前に哲学と宗教の本を読んでもしょうがないんだけど（笑）、最後だからこそ読もうかなと。それで注文したら、出版社も気を使って送ってくれていたの。

だから分厚い本が2冊ある（笑）。とても面白いですよ。だいたい私はこのごろ、「何を始めたところですぐに死ぬじゃないか」と思う。すると逆に「だからこそ、いま、やってみるか」と思うようになった。

まなほ　先生は本当に好奇心が旺盛なんですよね。その本を読んで、宗教と哲学との親和性を感じましたか。

寂聴　いや、さっぱり（笑）。

まなほ　今日は新型コロナウイルスの感染拡大後の世界がこれからどうなっていくのか、私たちの不安や恐怖は解消されていくのか、宗教者である先生にいろいろな側面でお話をうかがえたらと思っています。

私は2019年12月に出産したばかりなので、まずは妊婦の立場としてお尋ねしたいのですが、いま妊婦さんは立ち会い出産が許されていないんですね。無事に生まれたあとも、家族や祖父母のお見舞いが許されない。帰宅すれば赤ちゃんと家族で過ごせるけれど、それまで妊婦さんは「ひとりで産まなくてはいけない」という不安を抱えていると思うんです。

寂聴　先生はそんな妊婦さんにどんな言葉をかけてあげますか。

私は結婚してすぐに北京に行ったでしょう。そしてすぐ妊娠して子どもを産んだ。1944年（昭和19年）8月1日。いま思うと、よくひとりで産んだなと。言葉もよくわからないし、夫にとっても初めての子だから、互いにどうしていいかわからなかったし。

まなほ　不安だったでしょうね。

寂聴　21歳の結婚で若かったから、それほど深刻にはならずに済んだけれどね。日本で買った『婦人之友』を読んで、そこに書いてあるとおりの寸法で赤ちゃんの下着から産着まで、自分でつくりました。でも、新生児を見たことがないから、そのとおりにつくるとあまりに小さくて、まさか、人間だもの、こんなに小さいわけはないだろうと、ちょっとずつ大きくしていったのね。そうしたら、中国では「アマ」というお手伝いさんを雇うのが一般的なんだけど、そのアマが「いったいどんな大きな子を産むつもりなんですか！」って（笑）。

まあ、私のように何も知らなくてもちゃんと子どもは産めるし、助けてくれる人もいるんですよ。**人間はどんな環境下でも、なんとかやっていけます。**

まなほ　北京の病院で出産されたんですか。

寂聴　シイタン（西単）の中程の路地奥に町田医院という、和歌山出身の日本人の院長先生がいる産院があったの。産気づいてから、夫とふたりでヤンチョ（人力車）に乗って行きました。空を仰いだら星がいっぱい出ていて、すごく綺麗だなと思った記憶がある。その明け方、ケロッと生まれましたよ。うちは安産のたちで、母も姉も安産だったらしい。だからあまり苦しかったという記憶はない。

そうそう、昨年の法話中、お堂に160人ほどがぎゅうぎゅうに詰め込まれて座っていたんだけど、最後の質疑応答で、座の中央あたりからひとりの紳士が手をあげて、「私は北京で先生がお産をされた町田病院の、院長の息子です」と言ったのよ。驚いたのなんの。その方のお母さんと奥さんを連れて、一家総出で来てくれたんです。院長先生は残念ながら亡くなられてしまっていた。それまでに一度、北京に招待されたときに、町田医院をひとりで探したことがあったの。でもそのときは、さっぱりわからなかった。

まなほ　先生は私が妊娠中、すごく気にかけてくださいましたよね？

寂聴　覚えてない。

まなほ　ウソ！（笑）いつも「大丈夫、大丈夫」と言って、お腹を撫《な》でてくれたじゃないですか。

寂聴　そうだった？　法話が終わった後って、みんなが私に触りたがるし、私も相手をこうして撫でてあげるでしょ。一度、東京で法話をやったとき、触ってほしいという人たちでずらりと列ができてね。ふと列の横にいる若い女性がすごく大きなお腹をしていたから撫でてあげようとしたら、「私、妊娠なんかしてません！」って叱られた（笑）。肥っていただけだったのよ。

まなほ　失礼すぎる!!（笑）

私にもずっと「大丈夫。元気で頭がいい子が生まれるから」と毎回言って、お腹を撫でてくれたんですよ。マタニティブルーだったのか、お医者さんにも「絶対、無事に生まれますか？」と何度も尋ねたくらい不安が大きかったけれど、先生が、「大丈夫。あなた健康だし、安産よ、するっと生まれるよ」って……。

「早く出てくるんじゃない？」とも言っていて、本当にそうなりました。

寂聴　うん、20日くらい早く生まれたし、母子ともに健康だったわね。

まなほ　何を根拠に「大丈夫」と言っているのかわからないですが（笑）、私の不安も考えたら根拠はないわけで、「大丈夫」と先生に言い切ってもらえたことで本当に落ち着いたんです。
だからいま、不安の中にいる妊婦さんにも先生のように「大丈夫だよ」と言い切ってくれる人がそばにいたらいいなって……。

寂聴　赤ちゃんが生まれてから、法話に来られる方も多いのよね。「お腹を撫でてもらったから安産でした」「手を握ってもらったから無事に生まれました」と言って。私はすっかり忘れているんだけど（笑）。

まなほ　でも、やっぱり**信頼している人が「大丈夫」と言ってくれるから、「大丈夫かも」と信じられるところがある。**

寂聴　だいたいみんな大丈夫なんですよ。

信頼している人からの
「大丈夫」は
本当の
「大丈夫」になる

心がまえ2――思いやる

先生、怖いのは新型コロナウイルスより人間ではないでしょうか？

まなほ　最近、新型コロナウイルスより怖いのは人間ではないかと思うんです。例えば新型コロナに感染した人がいると、「家から出るな」と張り紙したり、車にいたずらをしたりする人がいるんですって。

寂聴　どうして人間ってそんなに浅はかなんだろう。ちょっと何かあると、その人を助けようとしないで、やっつけようとするでしょう。本当にダメだと思う。小学校で修身がなくなってから、余計にひどくなったような気がしますよ。

まなほ　「修身」って、いまで言う「道徳教育」のことですね。

寂聴　いまは道徳っていうの？　とにかく、これは人間としてしてはいけませんよという
ことを小さいときに教えることが肝心ですよ。

思いやりをもっているということが、人間として一番大切なこと。思いやり
さえあれば、人間関係なんてなんとかまわっていきます。

まなほ　いまはインターネット上で匿名で悪口を書いたり、デマを流したりする人も多いそ
うです。インターネットの世界にばかりいると、人を思いやる心がなくなってしま
う気がする。

寂聴　そういう人は想像力がないのね。
想像力さえあれば、「こんなことを言ったら相手が嫌がるかも」とか「困るだ

ろう」とか「自分が嫌われる」とか思う。
想像力がないから、そんなバカげたことをする。
思いやる心があれば、他人をいじめたりしないし、「自分たちだけが幸せならいい」という気持ちにはならない。

まなほ　新型コロナで外出が自粛されたじゃないですか。それで心に鬱憤が溜まり、ストレスのはけ口みたいにインターネットで誰かを攻撃する人が増えているんですって。

寂聴　私も作家として一人前になるまでに随分いじめられたのよ。だからよくわかります。

まなほ　どんないじめだったんですか。

寂聴　『花芯』（1957年「新潮」10月号）という小説を発表したとき。同年1月に『女子大生・曲愛玲《ちゅあいりん》』という小説で新潮社同人雑誌賞を受賞して、初めて注文を受けて書いた小説だったの。ところが雑誌に載るや否や、新聞の書評欄で平野謙*という著名な批評家にこてんぱんにやっつけられたのね。他の雑誌に載った石原慎太郎さんの小説『完全な遊戯』と並べて「エロで時流に媚びている」と。

その後、匿名の批評家たちも『花芯』の悪口を書き出したわけです。「作者は男と寝ながら書いたのだろう」とか「作者は自分の性器の自慢をしている」とか……。

まなほ　ひどい中傷をされたんですね。しかも匿名の人たちに。

寂聴　それでね、『新潮』編集長の齋藤十一*という偉い人に反ばく文を書かせてくれと頼みに行ったんだけど、玄関に仁王立ちのまま中にも入れてもらえなくて、「小説家というのは、自分の恥を書き散らかして銭を稼ぐんだ。読者にどう悪口を言われようと、反論などするべきでない。そんなお嬢さんのような気分でどうする。小説家ののれんをかかげた以上、どんな悪評も受けるべきだ。顔を洗って出直してこい」

と一喝されたの。

でもどうにも怒りが収まらなくて、つい若気の至りで、「あんなことを言う批評家はインポテンツで、女房は不感症だろう」と他誌に書いてしまって、またしても袋だたきに遭ったわ（笑）。5年間、文芸雑誌から締め出されました。

まなほ　そのとき、先生はどうやって希望を見出《みいだ》したんですか？

寂聴　「あのバカたち、死んでしまえ」と心の中で思ったの（笑）。そのときはまだ出家していなかったから、そういうひどい言葉を使った。そうしたら実際にみんな早くに亡くなって……。やはりそういうことは思うのもじゃないなって、心から反省しました。

まなほ　人って匿名だと怖いものなしで他人を批判したり非難したりしますよね。自分がうまくいっていなかったりストレスが溜まったりしても、誰も攻撃せずに自分の中で上手に対処するにはどうしたらよいのですか。

寂聴　匿名にしろ匿名でないにしろ、**人が人をいじめるなんていうのは一番恥ずべきこと**です。

やはり**いじめは情けないことだというのを、大人が子どもたちに教えなきゃ**。

まなほ　でも、その大人が「あそこの家人が新型コロナになった」といって、石を投げたり車を傷つけたりしているんですよ。

寂聴　そんな大人にはみんなで石を投げればいいのよ（笑）。

まなほ　やっぱり子どもが小さいときに親がしっかりと教えることが大事なんでしょうか。

寂聴　親が教えられるならいいけれど、必ずしも教えられるお母さんばかりじゃない。祖父母でも隣の家のおばさんでもいいから、「そういうことをしてはいけないよ」と大人が子どもに言ったほうがよいと思いますよ。

まなほ　最近は他人が子どもを叱るということが、昔に比べてなくなりました。叱れない大人が増えているみたいです。子どもが親を殺す事件も残念だけどとても多い。親子間でお互い愛情を感じないというか、子どもが親から愛情を受けていないと、他の人に愛情を与えることが難しくなると言われていますよね。

寂聴　私は4歳の女の子を置いて家出したでしょう。だから親としての資格はないの。いま、その娘が75歳くらいになっているんだけど、私から連絡するのはやっぱり遠慮します。でも彼女が「母の日だから電話してみたわ」なんてまれに電話してくる。プレゼントもくれる。だけど、私はいまは誰も怖い人はいないのに、その子にだけは頭が上がらないのよ。いまでも彼女の前ではビクビクして小さくなってる。

それは、私が親らしいことをしていないからよね。それに、「育てていない」という申し訳ない気持ちがあるから、偉そうに何か言うことはできない。叱ってやりたいときもあるけど、叱れない。彼女が私に会いに来たら、もうそれは優しく、丁寧に接していますす(笑)。

まなほ　家出してからずっと会っていなかったけれど、出家前に連絡して、横浜で初めてお会いになったんですよね。

寂聴　彼女が横浜のホテルに泊まっているというので、私がそのホテルに行ったの。ラウンジに先に着いて待っていたら、エレベーターからたくさん人が出てきて、その中に彼女がいたんだけど、すぐにわかった。向こうも4つくらいのときに別れたきりだったのに、私を一目見てわかったみたい。不思議なものね。それでふたりでお茶を飲みながら初めていろいろと話しました。

まなほ　どんな話をしたんですか。

寂聴　もう忘れちゃった（笑）。

でも、そのときお互いにようやく会おうという心もちになったんですよ。時期が来たというか。彼女も「なぜ出て行ったのか」「その後、私がどれだけ苦労をしたか」なんてことは一切口に出さなかったわね。

まなほ　「出家と私は関係ありますか」と娘さんが尋ねられたのはそのときですか。

寂聴　それはもっと後のこと。

まなほ　先生のお嬢さんはその後、結婚され子どもさんがふたり生まれて、さらにそのお子さんが結婚したんですよね。いま先生には娘がひとり、孫がふたり、ひ孫が女の子3人いる。

自分は娘を育てていないと言うけれど、そうはいっても関係がある。やはり血の繋がりというのは大きいと思いますか。

寂聴　「血の繋がりがある」と人は言うけど、そんなのわからないよ。

例えばあなたの子どもはしょっちゅうここに来るでしょう。そうするとやっぱり可愛いもの。毎日見ていたら「この前よりちょっと大きくなったな」とか「ちょっと笑うな」とかね。血の繋がった遠くの孫は可愛いけれど、毎日のように会う他人の子はもっと可愛い。だいたい私は可愛い子が好きでね。器量の悪い子は嫌なの(笑)。それと、ひ孫の3人はアメリカ住まいだから英語しかわからない。それもちょっとつまらないわね。

まなほ　直接的にコミュニケーションや話ができない。

寂聴　そう。帰るときに「Thank You」なんて置き手紙があるのは可愛いけど(笑)。

まなほ　このコロナ禍でも親子が一緒にいる時間が増えて関係性が見直されているとよく聞きますが、先生のように育てていなくても時期が来たら関係性が復活することはあるんですよね。

寂聴　いや、親子って絶対育てなきゃダメよ。「育ての親、産みの親」と言うけれど、それは育てた親が強い。

小さいときは熱を出したりするじゃないですか。そのときにそばにいた親が「お医者さんを呼ばなきゃ」「冷やしてやらなきゃ」と甲斐甲斐しく世話をする。そういうことが積み重なって、子は親の愛を感じるわけです。私はそういうことをしていないから、いくら「私が産んだ子です」なんて言ったって、育ての親がずっと強いと思う。

孫やひ孫はだいたい5歳くらいで会うでしょう。そうすると私をじーっと見るの。

髪の毛がないから不思議でしょうがないのよね（笑）。それで必ずじーっと見て、親にヒソヒソ聞いているの。

まなほ　「あの人どうして髪がないの？」って。「病気で髪の毛がないの？」と尋ねた子もいましたよ。確かに先生はどんな子どもが会ってもインパクトがあると思います(笑)。

＊平野謙……文芸評論家（1907年〜1978年）。東京帝国大学文学部美学科卒業。本多秋五、埴谷雄高らと『近代文学』を創刊。政治と文学、私小説などをテーマに鋭い評論を発表。

＊齋藤十一……編集者・出版人（1914年〜2000年）。北海道生まれ。早稲田大学理工学部を中退し、新潮社に入社。1945年、終戦に伴って復刊した文芸誌『新潮』の編集者に。翌年から67年まで編集長を務める。同人誌を読んで無名の新人作家を発掘した一方、大作家の原稿も気に入らない場合は没にした。『藝術新潮』『週刊新潮』『FOCUS』の創刊を手掛け、新潮社の「天皇」「怪物」と呼ばれた。

「想像する力」と
「思いやり」をもつと、
人間関係は
よくなっていく

■心がまえ3 —— 出会う

先生、コロナ差別、買い占め、いじめ……「自分さえよければ」という心は変えられますか？

寂聴　私の若いころは病気と言ったら結核だった。女の子なら綺麗な子、男の子だと秀才がなぜか、かかるの。結核じゃなくて「肺病」と言ってたわね。本当に恐ろしい病気だった。

まなほ　いまの新型コロナウイルスと似ていますか。

寂聴　いや、似ていない。当時は「国民病」「亡国病」と言われ、終戦時まではずっと死因順位の1位だった。私の母がかかったときは、父が毎日うなぎの肝を食べさせていたそうだけど、それで治ったと言っていた。

まなほ　本人が咳をして、それで医師にうつることはありますか。

寂聴　うつるでしょう。だいたい一緒に暮らしていたらうつるよね。

まなほ　肺病にかかった人がいたら、やはり隔離するんですか。

寂聴　経済的にできなかった。

まなほ　家に肺病にかかった人がいたとして、近所の人たちから「家から出るな」とか「他の人にうつすな」と言われたりしなかったのですか。

寂聴　直接言われることはなかった。でも、ひとりでもかかったら、何代も「あそこは肺病の血統だ」と言われてしまうの。

まなほ　そういうレッテルを貼られてしまうんだ。

寂聴　3代くらい前までさかのぼって調べられたわね。結婚前に相手の家に肺病の人が出たか出ないか、血統を調べる。

まなほ　お見舞いには行けるんですか。

寂聴　そばに行ったらうつるから、なるべく行かない。でも当時は、3軒のうち1軒は肺病の人がいたのよ。

まなほ　「肺病の血統」というレッテル貼りは、いまの新型コロナに通じますね。人間って学ばない生き物なのかなあ……。

買い溜めもひどいですよね。トイレットペーパーがなくなっているとテレビで放送された途端、みんな急いでスーパーに買いに行く。

寂聴　人はすぐに買い溜めするんですよ。とにかく自分さえもっていればいいと思う生き物なの。1973年に私は51歳で出家したんだけど、その年にオイルショックが起きてね。トイレットペーパーがなくなるといって、みんな血眼《ちまなこ》になって買い溜めしていました。なくなったら困ると思うんでしょうね。
私の出家のとき、週刊誌の表紙がトイレットペーパー買い溜めの写真だったそうよ。それが急に私の出家の写真に変わったという話をよく聞いたわね。

まなほ　いま、医療従事者や介護者こそマスクが必要なのに、ぜんぜん足りていなくて本当に困っているって。
その一方で、マスクが売り切れている店に対して「なんでマスクがないんだ！」と怒鳴り散らす人もいる。みんなが困っているときに自分や自分の家族だけを守ろうとする人に対してはどう思いますか。

寂聴　**「自分さえよければいい」というのが一番情けない。やはり「周りの人に利益**

がもたらされるように行動する」というのが大事です。

赤ん坊というのは、生まれたときはどの子も同じく、まっさら。何も知らず、どんな才能が花開くかもわからず、ただただ可能性に満ちあふれた、可愛らしいだけの子でしょう？　それが**育つ環境によって、十人十色の道を行くわけね。教育をちょっとでも誤ったら、どんな人間に育つかわからない**ですよ。

やはり子どものときに、何をすべきか、何をしたらいけないか、親や教師が社会の規範やルールというものを教えなくてはいけない。忙しくて子どもの教育を他人任せにしているから、おかしなことになっているんです。

まなほ　小さい子どもは学校で道徳を学ぶとして、すでに二十歳を過ぎた大人はどうしたらよいでしょうか。

寂聴　二十歳でしてはいけないことがわからないなんて、それはアホですよ（笑）。普通わかるでしょう。

まなほ　でも、二十歳を超えても「腹が立ったから刺した」「誰でもいいから殺したかった」という事件があるじゃないですか。

寂聴　やはり修身——いまは道徳って言うのか、それを教えるしかない。人に嘘をついたらいけないとか、優しくしないといけないとか。本当にささやかなことだけど、家庭では親が、学校では教師が教えるべきです。

まなほ　だいたい二十歳を超えた人間に、誰がそんな面倒見る必要があるの？　二十歳を超えたら自己責任というか、自分でどうにかしなさいと？

寂聴　そりゃそうですよ。二十歳超えた人間は成人でしょ。それにお説教するなんてバカバカしい。時間がもったいない。アホにつける薬なし！

まなほ　どうにかならないものなんですかね？

寂聴　ただ、いくら間違いを犯しても、欠点を放っておけないと言ってくれる人が出てくるんです。そういう人が出てきて、自分の弱さや間違いに気づいて、変われるかもしれない。そして、幸せを感じて過ごしていたら、そのふたりにできる子はとても優秀な、ノーベル賞をとるような子に育つかもしれないし。

まなほ　**二十歳を超えても、出会った人が素晴らしければ、いろんな気づきがあって、変わる可能性がある**ということですね。

人との出会いって重要ですね！

新型コロナのせいで悲観して自死する人が多いのかなと勝手に思っていたのですが、今年の4月は自殺率が例年より下がったんだそうです。おそらく、新年度というのは会社や学校などで新しい環境が始まるわけで、慣れなかったり疲れたりする人が今回は減ったからではないかと。人とコミュニケーションを取らなくてもやっていけるということがわかったり、実際にそのストレスがなかったりするので、自殺率が下がったのではないかと考えられているそうです。

寂聴　人付き合いが重荷の人って多いのね。

まなほ　*アドラーによれば、対人関係が人間における一番の悩みらしいです。コロナ禍は、もしかしたらひとりで作業することが好きな人とか、引きこもりの人にはよい転機になるかもしれないですね。生活スタイルが大きく変わるきっかけになるかも。

寂聴　セクハラやパワハラもされなくなって、いいじゃないの。

まなほ　小中学生も学校に行かなくていいから、逆にいじめを苦にした自殺は減っているかもしれない。

やっぱり、いいことも悪いことも両方起こっている感じがします。

寂聴　私が小学生のころはいじめというのはなかった。どうしてかしら。いじめといっても、からかったりするくらいだった。

まなほ　いじめで死ぬ子はいなかったんですか。

寂聴　いなかった。小学校のころは男の子が校庭の遊び場をぜんぶとっちゃうの。それで女の子が怒って喧嘩になる。喧嘩といったって男の子の力には負けるから、私が出て行ってやっつけてやるの。

まなほ　カッコいい（笑）。

寂聴　「はーちゃんが来たぞ！」と男の子たちが私を見て、みんな逃げるのよ。陰湿ないじめというのはなかったね。

まなほ　先生、いまの小中学生がいじめで死ぬのがすごく不思議だってよく言いますよね。

寂聴　不思議とは思わないですよ。

私の時代と比べたら、いまの世の中はすごく陰険だもの。大人の世界が陰険だから、子どもは鏡のようにそれを写しとってしまう。

まなほ　そして、相手をいじめて「自分の方が上だ」と満足するんでしょう。情けないわね。どうしたらいじめはなくなりますか。

寂聴　「自分さえいじめられなければいい」という考え方をあらためないとダメね。身近な誰かがいじめられていることに気づいたとき、いじめられている人に手を差し伸べたり、いじめている人に立ち向かったりしたら、今度は自分がいじめられるかもしれない。そうならないために見過ごしておこうというのは、人間としてとても情けないことです。

自分さえ幸せならそれでいいという考えは絶対に間違っている。すべての人が幸せでなければ、あなた自身も幸せになれない、ということを心に刻んでおくべきです。

まなほ　先生がよくおっしゃる「忘己利他《もうこりた》」の精神ですね。

寂聴　最澄*の言葉に、

「己を忘れて他を利するは慈悲の極みなり」

という言葉があるの。自分のことは後にして、まず人に喜んでいただくことをする。それは仏さまの行いで、そこに幸せがあるのだという意味。つまり、我欲が先に立つような生活からは幸せは生まれない、ということ。人間の性《さが》として、私たちはどうしても自分中心に考えてしまうことがある。もっと欲しい、こうして欲しい、と周囲に望むことが多くなりがちなのね。こうなるとすべてが不幸になってしまうから、まずは**自分の幸せは忘れて、他人の幸せのために祈る、他人のために行動する**ということ。

自分の利益にまったく関係のない、自分以外の人のことを仏さまにお願いすると、通じるんですよ。

私は「忘己利他」の一言を教えていただけただけでも、出家してよかったなと思っています。

＊アルフレッド・アドラー……オーストリアの精神科医・心理学者（１８７０年～１９３７年）。ウィーン生まれ。精神分析運動の展開において中心的な役割を演じ、ウィーン精神分析学会の会長を務めた。１９１１年に個人心理学協会創立。35年よりアメリカに永住。著書に『個人心理学の技術１・２』など。

＊最澄……日本天台宗の開祖（７６６／７６７年～８２２年）。12歳で出家、14歳で得度、法名を最澄とした。19歳より比叡山に草庵を構える。８０４年、中国に渡って仏教を学び、帰国後、比叡山延暦寺を建て、天台宗の開祖となった。

二十歳を超えても、
出会った人により、
いろんな気づきがあって
変わることが出来る

心がまえ4 ―― 志をもつ

先生、コロナ後の未来へ子どもにどう声をかけていけばいいですか？

まなほ　自分の子どもたちがこれからどうなっていくのか、日本中の親に漠然とした不安があると思うんです。
公園などで自由に遊ばせてあげたくてもできないし、仕事があれば集団感染が怖くても学校に預けなければいけない親もいる。そういう心の葛藤や不安を抱えている親に対してはどんなふうに思っていますか。

寂聴　それはさすがに「いつか収まるから」なんて軽々しく言う気持ちにはなれないわね。自分の子が勉強できる環境にないとか、優秀な子がそれ以上のことができなくて遊んでいるとか、その場におかれたらやっぱり親は焦ると思う。それはやっぱり可哀想ね。

まなほ　ストレスや鬱憤が溜まって塞ぎ込んでしまっている子どももとても多いんです。飛沫を防ぐためのフェイスシールドという、プラスチックでできたお面みたいなのをかけて授業を受けさせている学校もあるし……。

寂聴　戦争のときも防空頭巾を被って、学校に通っていたけどね。でも、戦争は「敵」というものがあったから。「あいつに負けたらいけない」とか「やっつけないといけない」とか、目的がはっきりしていたでしょう。それに対して、新型コロナウイルスは敵なんだけど、目に見えないからね。目に見えれば、恨むことができるし、やっつけることができる。触れられないわ、正体がわからないわでは、本当に幽霊と戦うみたいでイライラするわね。

大人が「大丈夫。日本の軍隊は強いから勝つよ」と言ったら子どもは「ああ、そうか」と安心するけれど、いまのコロナ禍ではそれが言えない。**大人が敵の正体をわからないんだから、子どもが不安になるのは当然**です。

まなほ　親もそういう子どもたちに何か言葉をかけてあげたいけれど、かといって「明日になったら大丈夫だよ」「来年になったら大丈夫だよ」とは言えないですよね。子どものもの「なんで学校に行けないの？」「コロナはいつ収まるの？」という問いにもきちんと答えられない。

そんな中で子どもたちがどんどん暗い気持ちになったり、友達と遊べなくてふさぎ込んでしまったりしたら、大人としてどんなふうに接したらよいのでしょうか。そういうときは「お母さんもわからないの」と正直に親の不安を示してもいいのでしょうか?

寂聴　いいんじゃないかしら。だって知ったようなことを言って、間違ったら困るでしょ。それじゃ「お父さんに聞いてみよう」ってなるわね。

まなほ　お父さんもわからないのにね(笑)。

寂聴　**「親にもわからないことがある」ということを、子どもに教えてあげたらいい。**それでも納得いかない子どもがいたら、例えばかかりつけのお医者さんに相談して、説明してもらうとか。「お母さんも知りたいから、一緒に聞きにいこう」と誘ってあげる。

まなほ　「来年なんかわからないわ」と心の中では絶望的になっていたとしても、「お母さんもわからないけど」と正直に打ち明けながら「でも、きっとよくなるよ」と言ってもいいのかな……。

寂聴　そうそう。**子どもにはやっぱり希望を与えたほうがいい。**

まなほ　今回のコロナでは学校が一斉休校になって自宅学習になりました。学校であれば1時間目は体育、2時間目は国語と時間割が決まっている。でも家にいたらメリハリがつかなくて、いつの間にか3時間経《た》っていたとか夕方になっているとかいうご家庭が多いわけです。お母さんたちだって学校の先生のようにうまく教えられないし、子どもたちも家できちんと勉強するという習慣がなかなかつけられない。親子ともにストレスが溜まるし、学習能力というのは今後すごく下がるかもしれないと思うと、不安しかないですよね。

寂聴　できる子とできない子の差は大きくなるだろうね。

まなほ　それって大きな問題ですよね。学習の格差が、そのまま収入の格差に繋がってくる可能性もあるから。
寂聴　それはそうでしょう。
まなほ　稼げない、お金を得られない人が増えるかもしれない。
寂聴　いま、若い娘さんたちは男性を選ぶとき、「優しければいい」と言うでしょう。優しいだけで飯が食べられるか！　ってね（笑）。
まなほ　もしくはもう大学に行くこと自体、絶対的な感じではなくなるような気もします。いい大学に行って、いい会社に入って、お金を稼いで、都心に住んで、いい生活をする、という成功モデルがすごく揺らいでいるような。
だいたい今回のことで会社に行かなくても仕事ができると気づいた人たちも大勢いるし、会社側だって都心の一等地に高い家賃を払って広いオフィスを持たなくてもいいと気がついたと思う。通勤が週に一度でいいなら、都心の高いマンションを買う必要もない。

寂聴　そうなったら、「そんなにたくさん稼がなくてもいい。郊外の都心より広くて安い家に住んで、普通の給料で生活できるよね」と考える人が増えるんじゃないかと。確かに東京ではない田舎に行けば、家賃も食費も安くていいし、新しい出会いもあるかもしれない。徳島の日和佐出身の友人がいるけれど、あそこの女性はよその土地から移ってくる人を待って受け入れる仕事を始めました。

それはさておき、大学に行くということは、将来の稼ぎのためだけに行くのではなく、教養を高めるためにというのがあるでしょう。本当はそちらのほうが大きいはずだけど。

まなほ　確かにそうだけど、私は周囲の「大学は出ておくべきだ」「この大学を出れば就職に困らない」という考えに侵されていたし、両親も同じ気持ちだったと思うんです。

寂聴　まあ、大学はピンからキリまであるからね。

まなほ　ところがいまは京都大学を出ても、就職せずにアルバイトで暮らしている人たちも結構いるんですって。履歴書に大学名を書かせない企業もある。どこの大学を出ようが問題にしていないという企業があるらしいんです。

寂聴　その会社の重役たちはいい大学に入れなかった人ばかりなんじゃないの？（笑）

まなほ　大学名よりも、何を学びたいか、何をしたいか、どう生きたいかという点を見ていくのかな。

寂聴　先生は、京大出身なのにフリーター志望の人と、三流大学出身だけどやる気に満ちている人だったら、どちらを選びますか。

寂聴　それはやはり可能性があるほうがいいね。

いい大学に入れなくても才能があれば、そちらのほうが面白い。だけど、企業がちゃんとそれを正しく判断して採用できるのかしら。

まなほ　選ぶほうの問題ですもんね。

寂聴　でも、いざとなったら学歴がものを言うのも現実、残念だけど。それに大きいいい会社はなかなか潰れない。小さい会社はそうはいかない……。だからちゃんと勉強して、いいところに見極めて勤めないと、この先やっていけないでしょうね。

まなほ　自分の身を守るためにはちゃんと勉強してお金を稼げるようにならないとダメということですね。

寂聴　何が起きても生きていけるという、自分の力をつけるしかない。私なんかもそうだけど、本当に一銭もお金がないところから出発しても、志あ

ればちゃんと生きてこられるんです。
コロナ後は特にそういう力がある人間がもっともっと出てくるんじゃないかしら。

一銭もお金がない
ところから出発しても、
「志があれば」
ちゃんと生きていける

■心がまえ5 ―― 信じる

先生、自分や子どもの才能どうしたら信じることができますか？

まなほ　今回のコロナによって仕事や貯金、恋人や家族などを失った人がいますよね。それでも生きていくためにはどうしたらいいですか。先生が言う、自分の才能を信じることですか。

寂聴　**自分の才能を信じるということは理屈ではない**んですよ。周りはみんな「たいしたことない」と思っているのに、本人だけが自分に才能があると思っている。滑稽だけど、たいがいそういうものじゃないかしら。変と言われても、自分には才能があると思って一生懸命やる。結局はそういう人がしぶとく生き残るんです。

まなほ　やはり「好き」ということが大事なんですか。

寂聴　そうそう。好きなことをやればいい。親は、自分の子どもが絵を好きだったら、絵描きにすればいいんですよ。土をいじるのが好きだったら、左官職人にしたらいい。台所に入ってくるなら、料理人にしたらいい。**好きなことをやらせるのが一番いいわね。才能が伸びるから。**

まなほ　私は「好きなことを仕事にする」という考えが学生のときからなかったし、自分の夢や目標、得意なこともなかった。
そんな中で先生に出会って、秘書となって、自分にとってすごく好きな人を支える仕事がこんなにも楽しくやりがいのあることだと気づきました。この仕事が天職だと思う。しかも先生に書いたものをすごくほめてもらえて、本も出すことができた。思ってもいない可能性を、自分では見つけられないでいたけれど、先生が教えてくれたんです。

そういう人に出会えるのは、とても幸福なことだと思います。

寂聴　大学を出て、なぜすぐに就職先が決まらなかったの？

まなほ　就職難でもあったし、私にこれというものがなかった。「この会社で働きたいです」という情熱もなく、なんとなくで面接を受けていたから、落ちて当たり前でした。そのときの私のように自分の好きなものがわからない、才能もあるのかないのかわからないという人は本当にいっぱいいる。だけど、**人との出会いで人生って大き**

く変わるということを伝えていきたいですね。

いまも「あなたは先生のことを利用している」と嫌なことを言う人はいますが、先生は「何でもどんどんやりなさい」「何かあったら私が一緒に出てあげる」と応援してくれる。そういう人がいるということはこの上なく嬉しいことですし、私も息子にはそうしてあげたいなと。先生が私にしてくれたみたいに、「どんなことでもやってごらん」と彼の可能性を信じたいです。

とはいえ、先生が息子のことを「俳優になれるんじゃない?」「ノーベル賞とれるんじゃない?」と言うと、「そんなの無理!」と決めつけてしまう自分がいるんですけど……(苦笑)。

寂聴　1973年に江崎玲於奈さんがノーベル物理学賞をとったでしょう。あの人のこと、よく知っているんですよ。私のお友達の憧れの人だったから、よく彼女から話を聞いていた。その玲於奈さんがノーベル賞をとれるんだから、誰でもとれるという気がある。

まなほ　それがまずおかしい（笑）。でも、私は知らず知らずのうちに「息子には無理だ」と勝手に決めつけていたんだなと思ったんです。

寂聴　あなたの息子はあなたよりは優秀のはずよ。

まなほ　子どもたちのやりたいことや才能の芽を、親や先生などの大人がつまんで閉じてしまうことって、結構あるのかなって……。

寂聴　この状況下で先々みんな不安に思っているからこそ、ほめることでどんどん好きなことをやらせたほうがいいんですよ。あなたの時代とは違うんだから。**コロナショックのような辛い状況に遭っても、いまの子どもにはそこを泳いでいく力があるんです。**

まなほ　でも、どうしてもいろいろと言いたくなる。心配で「あれしちゃダメ、これしちゃダメ」と。本人を信じたほうがいいんですよね？

寂聴　そうそう。**信用して、放っておいたほうがいい。**

まなほ　なんていう言葉をかけてあげたらいいんですか。

寂聴　「あなたのこと信じているよ」って？

「あなたはお母さんの子だから、そんなアホは産んでいないんだよ」

と言えばいいのよ。

まなほ　なるほど（笑）。じゃあ、何か悪いことしたときは？

寂聴　「残念だけど、あなたにはお父さんの血も入っている」って。

まなほ　（笑）でも、ほめるというか、「あなたにはこういう可能性があるのよ」と大人に言われることは、子どもにとって非常に大きいと思います。

寂聴　大きいわよ。親が心から「この子は頭がいい」と信じていたら、その子の頭はよくなりますよ。

大人が子どもに暗示をかけるのね。「お前はこんなこともできないのか！」と言えば、できなくなる。

「こんなこともできるのか、すごいな！」とほめたら、もっとできるようになる。おだてたら力がつくものなんです。

まなほ　いまは家族の時間が多いから、ほめて伸ばすチャンスですよね。

寂聴　だいたい子どもってみんな同じですよ。どの子が素晴らしくてどの子がダメなんてない。何かほめてやったところが必ず伸びます。

子どもは生まれつき、好きなものがあるでしょう。育てていたら親には必ずわかると思うけれど、その**好きなものが才能です。**

まなほ　さっき言ったように「好きなものを仕事にするのがいいのか、それとも得意なものを仕事にするのがいいのか」とか「得意なものも好きなものもわからない」と悩んでいる若者に、先生はどんなアドバイスをしますか。

寂聴　自分が何が好きかわからないってことはないはず。どんな小さい子でも、AとBが目の前にあったら必ずAを手にする、というのがある。好きなものが才能よ。

まなほ　でも、「好きなもので将来食べていけるのか？」という不安も。

寂聴　**好きなのに食べていけないなんてこと、絶対にない。本当に好きで、それが他の人より優れていたら、必ず食べられます。**

まなほ　では、好きなものがわからないという子どもに、親はどのように声をかけたらいいですか。

寂聴　子どもはわかっているんだって。親がわからないだけなの。そういうときは、子どもをじっと見る。いつもこっちじゃなくてあっちを手にする。テレビでも、歌謡番組で必ず歌って踊るとか、野球中継をやたら真剣に見て選手の名前もすべて覚えちゃうとか、いろいろあるじゃない。好き嫌いくらい、親だったらわかるはず。

まなほ　それを親が教えてあげたらいい？

寂聴　教えてあげなくても、その子がもっているものだから。

まなほ　導いてあげたらいいんですね。

寂聴　**子どもにとっては親が大人の中で一番偉いんですよ。だって、世界で一番、自分に優しくしてくれるし、自分を信じてほめてくれるから。**

まなほ　自分の才能や可能性を信じるって、自分自身ではなかなか難しい。怖いんです。私のような普通の人間は「自分なんか」とどこかで思ってしまう。
でも息子には、先生のように子どもの可能性を信じて、ほめてあげたいです。

誰にでも
「好き」なことはある。
好きなことが「才能」

心がまえ6 —— ほめる

先生、生きていくのが大変な時代若者に何とメッセージを送りますか？

まなほ　先生が人生で一番怖かったことはなんですか。

寂聴　主人が北京で応召されて、生まれたばかりの赤ん坊と残されたでしょう。それで、私と同じように夫を召集された妻と男の子と私と赤ん坊の4人で、その方の家に世話になって住んでいたんです。あとは16歳のアマが通いで来てくれた。それまでは人の家ばかり居候していたから、戸閉まりは家主の仕事で、自分でしたことなかったの。だけど何が来るかわからないから、門の戸をしっかり閉めたりね。そのときはちょっとこれはどうしようかと思ったわね。

お金は持っていたんですよ。北京に渡る前、母が「これはお金になるから」と、日本の着物を行李《こうり》に3つくらいに詰めてくれたんです。それを中国人に売ったのね。だからお金はあった。その現金を畳の下に敷いて隠してね。当分の間はやっていけると思っていたから、気持ちは楽だったんだけど、とにかく知らない街で誰が襲ってくるかわからないという恐怖は、いまもありありと覚えていますね。

まなほ　心の拠り所は？

寂聴　そのときは信仰も何もなかったからね。子どもを守らなきゃいけないというだけだった。今更そんなことを子どもに言ったところで……。

まなほ　覚えていないでしょうね。小さかったから。

寂聴　あと、最近一番恐ろしかったのは、昨年末にアフガニスタンで井戸を掘りつづけた医師の中村哲さんが銃撃されたでしょう。私はあの方と3時間くらいお話ししたことがあるんだけど、本当にいい人でね。井戸を掘って国を緑でいっぱいにしたのに、その国の人たちに殺された。いいことをした人は絶対にいい死に方をするって、嘘ですよね。悲しいけれど、これが現実なのかなと思って、本当にショックだった。

まなほ　……それでもやっぱりいいことをしていかないと、世界はよくならないですよね？

寂聴　そうなんだけどね。修身では「いいことをしたら必ずいい報いが来ます」と教わったけれど、そんなことはない。もっと世の中は残酷ね。あんなにいいことをした人が、してあげた人に殺される。これが世の中なのかと思って、中村さんが痛ましくて泣いた。やっぱりいい人が死ぬ。悪い人は死なないのが現世なのね。私とあなただと、どっちが先に死ぬかしら？（笑）。

まなほ　絶対、先生ですよ（笑）。だいたい私はまだ30代ですから。

寂聴　では、先生が98年間生きてきた中で、生きていくのが大変だった時期はありますか。

まなほ　貧乏な時期はあったけれど、生活で困ったという感じは一度もないわね。書くことで、いつも稼いでいた。お金がなくて人に助けてもらったということはないです。それくらいでなかったら、夫と4歳の女の子を残して家を出るなんてできない。

寂聴　覚悟があったというのがありますよね。あと、才能があった。

「自分に才能はある」と信じてはいたけれど、表すところがなかったんじゃないかしら。とにかく出ていく以上はなんとかひとりで生きていかなくてはと思っていました。

真冬の2月でね。「出て行きます」と言ったら、「オーバーもマフラーも財布も置いていけ」と言われ、それらを畳んで道端に置いていったのよ。そして線路を歩いていった。

まなほ　着の身着のままという感じですね。

寂聴　着の身着のまま。本当に無一文でした。

まなほ　そんな先生の若いころみたいに、いまの若い人たちも何があっても覚悟をもって生きる勇気が欲しいんだと思うんです。伝えたいメッセージはありますか。

寂聴　**「自分を生かすためにはこうするしかない」という心意気、不自由もするだろうし苦労もするだろうけど「自分はこれをしたいんだ」という情熱**ですよ。私は「若き日にバラを摘め」という言葉が好きなのね。イギリスの詩人（ロバート・ヘリック）の言葉なんだけど、バラを摘むと棘《とげ》があるから指を怪我する。でも若さがその傷をすぐに癒すんです。唾つけておけば治るからね。

だから**若いときは傷を恐れず、何でもやったらいい**んですよ。
100年近く生きてきてつくづく思うけれど、「しなかった後悔」と、「して失敗した後悔」と、ふたつがあると思うの。死ぬ直前になって考えると、やはり、**やって失敗した人生のほうが、しなかった人生よりずっといい。**
失敗したって構わないんですよ。

まなほ　やらない後悔より、やる後悔のほうがいいということですね。なんでも新型コロナのせいにしてはいけない。

寂聴　そう。失敗するからやめておこうと思ったら、死ぬときに残念無念と思うんじゃないかな。まずはやってみなきゃ。やってみたらできるかもしれないんだから。

まなほ　先生がよく乗る日本航空も今年は新規採用を中断するそうです。就職先がこれまでよりずっと減っているみたい。

先生、『人生が変わる1分間の深イイ話』に出演したでしょう？　あの番組で、先生は、

「どん底にあたったボールは必ず跳ね上がる」

と言っていたけれど、先日いただいたお手紙に「私も留学に行けなくなりましたが、それでもボールは跳ね上がると信じて頑張ろうと思います」と似顔絵付きで書いてありました。新型コロナのせいで「こうしたい」という希望が無残にも壊されてしまったんです。

これから何を希望にして頑張ればいいのですか。

寂聴　やっぱり哲学だよね。

まなほ　哲学!?

寂聴　若い人たちをなんとかさせる優秀な哲学者が出て、それで話をつけなければダメなんじゃないかな。

まなほ　先生じゃダメなんですか。

寂聴　私はそれほど優秀じゃないもの。

まなほ　さきほどのボールの話に戻ると、広い目で見ればボールは地面に落ちたら必ず跳ね上がると言えるけれど、じゃあ来年のその子たちの就職はどうなるのか、先生も何も言えませんよね。

寂聴　確かに「これから状況はよくなるから」とは言えない。ただ、「この苦労はあなたひとりじゃないよ」ということは言えるわね。

それに**土壇場になったときこそ、人間って力を出すのよ。いまはまだ土壇場**

まで行ってないかもしれないじゃない。

まなほ　そうだけど、まだこれから第二波、第三波と来るかもしれないし、それでますます就職難になるかもしれないと思うと、本当に怖いですよね。

寂聴　でもね、**生きているかぎり、道というのは拓けていくんです。**就職できない、どちらを向いてもダメということはあり得ない。

まなほ　先生が「生きているかぎり、道は拓く」と思う根拠はなんですか。

寂聴　それは自分の経験からとしか言えない。**人間というのは、いろいろ失敗するでしょう。でも、「これは人生最大のどん底だな」と思っても、必ずその次は上が**るんですよ。起死回生。終わりということはないわね。私は今98歳だけど、それでも終わりということはない。「どうなるかな、この状態で」と思っても、必ず上がる。

まなほ　ちょっと聞きにくいのですが、先生は自殺したかったときがありましたよね。あのときが、98年間生きてきて一番どん底ですか。

寂聴　いや、あのときは甘えていたんじゃない？　**自殺するって甘えているんだと思う。絶対にしちゃいけないこと**ね。自殺は殺人よ。自分という人間を殺すんだからね。

まなほ　それはいつですか。精神科医に通っていたのは確か40代ですよね。

寂聴　40代だったわね。『かの子撩乱』*（1965年刊）を書いたあとくらい……。そのときとてもよいお友達がいて、彼女の知っているお医者さんのところに黙って連れて行かれたんです。とても偉い精神科のお医者さんで、オーストリアの精神科医のフロイト*に直接教わったことのある日本人だったの。私はそんなこと知らないで行ったんだけどね。

かなりご高齢で、すでに隠居みたいにしていたから、ご自宅で診てくれた。簡単なベッドがあって、「ここに寝なさい」と言われて、「心に浮かぶことを全部口に出して言ってごらん」と言うんですよ。

「どういうことですか?」と尋ねたら、例えばいまお腹が空いたなと思ったら「お腹が空いた」とか、その次にお寿司が浮かんだら「お寿司」とか「わさびが足りない」とか、とにかく心に浮かんだことをぜんぶ言葉に出して言いなさいと。それを15分か20分くらいするんだけど、その人は私の頭のほうに座っていて、顔は見えない。それですべてわかるらしい。何の病気だったかとかもね。診療のあとは、「あなた、しばらく通いなさい。今度は何日にね」「今日の診察料は○○円です」と言われたの。すごく安かった。現金をその人の掌に渡すんです。それは自分の行為に責任をもたせることだそう。すごく印象的でしたよ。
それから先生は「あなたは趣味がいいですね」「今日着ている着物と帯はとっても釣り合いがいい」「その髪の形はあなたにとても似合ってますよ」とか、何か知らないけど必ずほめてくれるのね（笑）。心が痛んでいるときだから、それがとても嬉しかった。そういうのを数回繰り返したら、「もうあなたは治りました」と言われて、本当に大丈夫になっていた。
その先生、三島由紀夫も診たことがあるのよ。

まなほ　心に浮かんだことをすべて口に出して、それをじっと聞いてくれる人がいる……。もしそんな人が家族にいたら、また違うんだろうなあ。

寂聴　私はよく相談を受けるでしょう。その先生の方法でいつも見ているんですよ。話をじっくり聞くし、会うたびに必ずほめるのね。「今日の手提げはとっても可愛いわね」

とか「今日のあなたの髪型はこの前より似合っているわね」とか、とにかくほめる。**どんな人でもほめようと思って見てみたら、ほめられないところはない。**必ず何かがいいんですよ。いいところを一生懸命探して、それをほめる。そうしたら落ち込んで暗い顔をしていても、スーッと顔が明るくなるのね。

まなほ　先生、この間私が着ていたピンク色のワンピースをほめてくれたじゃないですか。「それ、いいね。寝間着みたいで」って。あれ、ほめてます？（笑）。

寂聴　だって寝間着みたいなの、着ているんだもん（笑）。

まあ、どこかほめられないところがひとつもない人っていないわね。

一番いいのは、自分で自分をほめること。

多少器量が悪かろうが、「私のおへその横にはホクロがあって、それがセクシーなのよ」とか、そういうふうに自分で魅力を発見するんです。そうすると元気が出てくる。

まなほ　コロナショックで落ち込んでいる家族や友達がいたら、話を聞いてあげたり、「そうやってくよくよ悩むところもあなたが真剣に生きている証拠よ」と言い換えしてほめてあげたりしたら元気になるのかも。

でも、「寝巻き」と言われると、今後ワンピースとして着ていいのか悩んじゃうー（笑）！

＊『かの子撩乱』……岡本太郎の母・岡本かの子をテーマに綴った伝記文学。

＊ジークムント・フロイト……オーストリアの生理学者・精神病理学者（1856年～1939年）。チェコ生まれ。大学卒業後、1881年、ウィーン大学で医学の学位を取得。奨学金を得てパリに留学し、神経病理学を学ぶ。帰国後、ウィーンの公立小児病院の神経科主任医師に。1900年、『夢判断』を公刊。38年、ナチスの迫害により渡英。著書に『精神分析入門』『幻想の未来』など。

一番いいのは、
自分で自分を
ほめること

■心がまえ7——好きになる

先生、コロナ「孤独」にどう向き合えばいいですか？

まなほ　新型コロナのせいで人と会えない日々が長かったですよね。お店も行けないし、職場も行けないし、学校も行けない。孤独を感じた人が多かったんじゃないかなと思うんです。

寂聴　孤独はやっぱり怖いと思いますね。私なんかはそういうのに慣れていて好きだけど、普通の人はそれが一番怖いんじゃないかしら。でも、**そういうときこそ、「人は**

ひとりだ」ということを思い知ったほうがいいんです。

まなほ　思い知ったほうがいい？

寂聴　だって何が起きるかわからないですよ。ある朝突然、死ぬかもしれない。地震や津波で死ぬかもしれない。放火されて死ぬかもしれない。**人の生活や生命なんて非常に不安定なもの**なんです。それを「自分だけは大丈夫」「今日は楽しかった。明日も楽しいはず」と無理に信じこんで生きている。確かなものなんて何もない。一瞬にして自分や家族の生命が奪われるかもしれないのにね。**人間が生きているということは、決してそんなに安全なものではないんですよ。だから宗教が必要になるし、哲学が必要になる**んです。

まなほ　逆を言えば、今回の新型コロナのおかげでそういうことを考える機会になったのかもしれません。

寂聴　人生はこんなものかと思ってね。少なくとも「このままでいいのかな」「自分は年取ったらどうしようかな」と考えるだけでもいいんじゃない？

まなほ　確かに新型コロナの件がなかったら考えてもいないことを、いま、考えているかも。

寂聴　初めて自分を見つめ直した人もたくさんいるでしょうし、自分に力がないということ、家族を守りきれないということを悟った人もいるでしょうね。

まなほ　**見えない敵とは戦えないし、人間がいかにちっぽけな存在なのか、わかった**気がします。

寂聴　**そうやって謙虚になることが大切**なのよ。

まなほ　ただ、そうは言っても孤独に苦しむ人は増えてくると思うんです。どうすれば心穏やかに過ごせるようになりますか。

寂聴　これは一時期のことで、この状態がずっと続くわけじゃない。逆にこういうときに**どこかで一生ものの相手と巡り合ったら、非常にロマンチック**ですよ。

まなほ　確かにオンラインでの出会いもあるかもしれないし、実際にオンライン婚活が流《は》行《や》っているとは聞きましたが……。直接お話しするのとインターネットでお話しするのとでは温度差があると思うんです。

寂聴　確かに直接のほうがいいわね。インスタグラムもあなたが一生懸命やってくれるし、便利だなと思うけれど、やっぱりピンと来ないのよね。

まなほ　人と喋るときは人と面と向かって話したほうがいいですよね。

寂聴　そりゃそうね。インターネットで発信したことなんて、電源を消したら忘れるし。

まなほ　画面だと相手に触れられないですし。

寂聴　触られてばかりも気持ち悪いけど（笑）。

まなほ　（笑）先生に触ったらご利益ありそうですものね。

寂聴　そうなの。みんな触りにくる。軽い病気くらいなら治るからね。

まなほ　実際にこの新型コロナの影響で結婚したいという人が増えているみたいなんです。家でずっとひとりでいるのが寂しかったんでしょうね。

寂聴　それはいいことじゃないですか。一人前になるから。

まなほ　恋愛したい、結婚したいとして、コロナ禍では外で直接会うことが難しかったり、デートもなかなか叶わなかったり。そんな中、どうすれば素敵な人と出会えますか。

寂聴　とにかく好きな人が欲しいと思わなきゃダメね。自分が「**好きな人が欲しい！**」**と思えば、自分から匂いがするの。花と同じ。**あと、あまり喋る男は恋人には向かないからやめたほうがいい（笑）。

まなほ　手厳しい！（笑）

寂聴　結局、**人間はひとりなのよ。ひとりで生まれて、ひとりで死ぬ。**

どんなに仲のよい夫婦だって、どちらか先に死ぬでしょう。一緒に死ぬっていうと、

自殺だからね。それはしちゃダメ。

まなほ　ひとりで生まれ、ひとりで死ぬ……。

寂聴　ひとりで寂しいと思うけれど、寂しいから愛する人が欲しいのね。

「私、寂しいわ」と言って「よくわかるよ」と言ってくれる人が必ずどこかにいるんです。うまくその人に巡りあったら結婚できるわね。

まなほ　逆に先生みたいにひとりを楽しめたらそれはそれで素敵だと思うのですが、楽しむコツは？

寂聴　ひとりは楽しくはないよ。私はひとりじゃない生活を散々したから、いまはひとりが楽でいいけれど。やっぱり人間は寂しい生き物だから、寂しさを補ってくれる人と一緒にいたほうがそれは幸せよ。

まなほ　じゃあ、先生は孤独を勧めるわけではないというわけですか。

寂聴　勧めない。とにかく人間は孤独なの。でも孤独だから、誰かを好きになるし、慰めてほしい。

まなほ　孤独だから、一緒に住んでほしいし、一緒にご飯を食べてほしい。孤独でなかったら、そんなの面倒くさいだけですよ（笑）。95歳を過ぎれば面倒くさい。そんなのいないほうがいいと思う。でも、やっぱり85歳くらいまでは相手がいたほうがいいわね。

85まで！　先生、さすがです（笑）。

「好きな人が欲しい」

と思えば、

自分から匂いがする。

花と同じ

■心がまえ8 ―― 革命を起こす

先生、減給やリストラ……将来のために何をすればいいですか？

寂聴　安倍内閣は口ばっかりね！　もう変わったほうがいい。一生懸命やっているんだけど、なんかピンとこないわね。

まなほ　先生はいまの政府に何が足りないと思いますか。

寂聴　やっぱり田中角栄とかがいてくれたほうが面白かったですね。政治家ともいろいろ会いましたが、生前に評判の悪かった政治家のほうが実際はとても魅力があった（笑）。

まなほ　田中角栄さんの魅力というのは？

寂聴　ちょっとしか会っていないからね。一緒にテレビに出たんです。自民党が不祥事を連発していたころ、「黒い霧解散」（１９６６年）の佐藤栄作政権時代だったかな？

その番組で角栄さんは、

「お恥ずかしい。これから襟を正してまたやり直さなきゃ」

なんて言って、襟を正す手つきをするの。それで私が、

「自民党って襟があったんですか」

と言ったら、

「こいつはやられた！」

と、持っていた扇子で自分の頭をポンポンと叩いて見せて、豪快に笑われた。

私がそういうことを平気で言うから、好意はもってくれたんじゃない？　その日、とても気持ちよく別れたんですよ。

それからしばらくして、新幹線で一緒になったのね。私は彼が乗っていることを知らなかった。そうしたら秘書の男性がやってきて、

「向こうの車両に田中先生がいらっしゃいます」

「先生は、あなたのことを認めています」

とか言うのよ。私はただ、

「ああ、そうですか」

と答えただけだった。彼は挨拶に飛んでくると思ったのかもしれないけど、私は何の用もないから行かなかったわけね。それで家に帰ったら、彼がすぐに漬物を送ってきたの（笑）。京都の美味しい漬物を。

私も礼状を出しました。

まなほ　あんなに高い地位にいたら正直に誰も言ってくれなくなるけれど、先生は正直に言うから逆に嬉しかったのかもしれないですね。

安倍内閣に話を戻すと、新型コロナウイルスによる緊急経済対策は、特別定額給付金がひとり10万円。あとは1世帯に2枚の布マスク。これすらも届いていない地域があるというじゃないですか。うちはまだもらってない。

一方で、ドイツでは500億ユーロのコロナ緊急支援策を打ち出して、電子申請の3日後にはお金が振り込まれたそうです。いまや日本ではなくて海外のほうがいいと思う人もいっぱいいますよ。

寂聴　いいに決まっているよ。だけど安倍さんは解散総選挙をしても、また再任されるかもしれない。いまの日本の政治はひどい。

まなほ　ただ、私の友達はこれまで一切、政治の話をSNSで書かなかったんですが、今回は政府に対しての不満を書いている人が多いんです。「10万円じゃ足りない」「マスクが届かない」「私たちの税金が不良品検品に使われるのはおかしくないか？」と。

寂聴　先生にとっては今さらかもしれないけれど、「日本、やばくない？」と思う若い人も増えてきたんです。

寂聴　**若い人が政治に興味をもつのはいい傾向**ね。

まなほ　「安倍さんも頑張っている」という意見の人もいっぱいいますけどね。次の選挙で若者の投票率が上がるかもしれないとちょっと期待しています。

寂聴　確かに次回の選挙でちょっと変わるんじゃない？

まなほ　そう考えると、コロナ禍は全国民に影響があるんですよね。いままで特に生活に困っていなかった人も困っている。

だから若い人たちも政治に対して意見をもたざるを得なくなってきた。「政治は政治家がやればいい。自分たちには関係ない」と思っていた人が、

「**政治は自分たちの生活に大いに関係があり、自分たちの声が政治家に届くことで変わることもある**」

とようやくわかった。

いまの政府やいまの社会常識をまずは疑ってかかったほうがいいのかな。

寂聴　そうね。疑ったほうがいいんじゃない？

まなほ　**これまで当たり前だとされていたことや常識に対して、「もしかして間違っているんじゃない？」という目を、今回の新型コロナが開かせてくれたのかもしれない**ですね。

寂聴　**開かせてくれたというよりも、開かざるを得ない状態まで陥っていたということ。**こんなことが起こるなんて誰も思わなかったけれど、「こういうことも起こり得るんだ」ということが今回わかったと思う。

まなほ　津波や地震は防ぎようがない。そういう天災と、新型コロナウイルスは同じよ。大学生もすごく困っているんです。コロナで飲食店が営業できないからアルバイトがない。バイト代がなければ生活できないし、学費を自分たちで払っているから、大学をやめないといけなくなる学生もいる。

寂聴　社会人で給料の高い人が出してやるしかないわね。

まなほ　社会が彼らを支えるべきだと？

寂聴　そう。

まなほ　それこそ卒業生とか。大学は授業がないんだから、その分の学費を返せばいいと私も思います。先生方は変わらず給料をもらっているのに、授業を受けられない学生には返さないというのはひどい。オンライン授業になったとしても、そもそもパソコンを買えない学生もいるんだそうです。
立命館大学はオンライン授業に必要なインターネット環境の整備代として一律ひとり3万円を支給した。京都産業大学も全学生にひとり5万円を支給しています。そういうふうに社会が補償したり、国の補償を手厚くしたりするべきですよね。

寂聴　私は母校の徳島県立高等女学校（現・徳島県立城東高等学校）で、2002年に寂聴奨学金というのを設立したんです。返済義務のない奨学金だから、非常に助かるらしい。ゆとりのできた大人はそういうことをどんどんやるべきだと思うわね。

まなほ　コロナの影響で仕事がなくなってしまう人も増えています。夏のボーナスを減らされたり、給料がもらえなくなったりするケースもあるんですって。そういう不安とどうやって向き合えばよいのでしょうか。

寂聴　月給がもらえなくなったとか、家賃が払えなくなったとか、本当に困っているんだから、困る人が団結して戦うしかないわね。

まなほ　みんなで団結することが大切ですか。

寂聴　それが大切というよりも、そうしなければやっていけないんじゃない？　**ひとりでは戦えない。だから同じ望みをもっている人が集まって、力を集結して戦うしかないんじゃないかしら。もしくは志の高い思想をもった優秀な人が革命を起こしたらいい**のよ。

まなほ　いまが大きな変わり目ということですか。

寂聴　本気で考えたらそうならざるを得ないよね。ホリエモン（堀江貴文）のように頭がよくて弁の立つ人が出てきて、「革命を起こそう！」と言ったら、若い子たちはみんなついていくと思う。

まなほ　そういうことが本当に起きるかもしれないわね。

寂聴　先生は堀江さんのどういう点を評価しているのですか。

まなほ　私、牢屋に入った人に弱いのよ（笑）。とにかくあの人は牢屋に入ったからね。牢屋はやっぱり嫌らしいよ。「もう一回入る？」と尋ねたら、「もう二度と嫌」って言ったもん（笑）。

寂聴　……先生はまさか牢屋に入りたくないよね？

まなほ　入ってもいいけど、いまからだと、ちょっと遅すぎたわね。

寂聴　堀江さんが牢屋に入ったことを先生が評価しているのは、つまり「地獄を知っているから」という意味ですか。

寂聴　牢屋にはなかなか入れないでしょう。牢屋に入るくらいのことをした人は、やっぱりよきにしろ悪しきにしろ、並外れていると思う。ホリエモンは話したらとても面白い。頭がよくて気持ちがいい。

私、世間の人がこぞって悪口を言うような人がわりと好きなの（笑）。

まなほ　革命といっても平和ボケしている日本では想像しにくいのですが、新型コロナのせいで危機に陥ったいま、なんとかこれを乗り切ろうという人が出やすい環境になっているということですか。

寂聴　出やすいか出やすくないかはわからないけど、こんな状態がずっと続いたら、若い学生が暴動くらい起こしたって当たり前じゃない？

まなほ　先生は何かを起こしたほうがいいと？

寂聴　起こさないとやっていけない状況にまでなってきている。

まなほ　不安なときに先陣を切る人がいたら、その人にすがりたくなる気持ちというのは悪いことではない？

寂聴　悪いことではない。**頭がよくて力もある人が「革命を起こすからついてこい」と言ったら、ついていけばいいじゃないの。何も起こらず何も変わらないよりはずっといい。**私がもっと若ければやったよ。

まなほ　そのリーダーを信用していいかはどういうところで判断するんですか。思想ですか。

寂聴　自分で見て聞いて判断するのよ。そして、その人を好きだという人が集まればいい。

まなほ　直感に従う感じですか。ついて行きたくなる人、この人みたいになりたいと思える人、その思想を信頼できると思える人を、若い人たちは探したほうがよい？

寂聴　そういうのが出てこないと、世の中変わらないでしょう。このままだったら、しぼんでいくだけじゃないですか。

まなほ　どういう人物が世の中を変えるのに向いているんですか。

寂聴　*大杉栄みたいな人が出てきたらいいね。

まなほ　フリーラブ。

寂聴　彼は革命家として本当に素晴らしい人だったけれど、普通の男としても非常に魅力があったの。ダダイストの*辻潤という人もとても素敵なんだけど、辻潤の妻の*伊藤野枝は大杉栄に会ったらその日に好きになったって。本当に魅力があったみたいね。ここに大杉栄がいたら、私もついて行くわね（笑）。

まなほ　革命を起こす人はどういう魅力を持っているんですか。

寂聴　やっぱり情熱的な人よね。

まなほ　そうすると、愛情も深い？

寂聴　そうそう。感情の波が大きいでしょうね。革命家なんていうのはね。

まなほ　とはいえ、暴力だけでは人はついてこないじゃないですか。伊藤野枝と大杉栄みたいにロマンスがあったりだとか、そういう人間味がある人のほうがついてきやすいんですか。

寂聴　人間味なんて、そんな簡単なものじゃないのよ。彼らには本当に思想があったわね。それから情熱があった。彼らは自分の思想のために必ず殺されるということを覚悟していたもの。誰でも口では言えるけど、その覚悟はなかなかできないよ。

まなほ　思想と情熱がある人は、いまの時代は少ないですか。

寂聴　情熱がないね。やっぱり**何をするにも情熱が必要**ね。

まなほ　先生は「遅れて生まれてきた伊藤野枝」と言われていたこともあるくらい、すごい情熱家じゃないですか。自ら道を切り開き、男性と肩を並べて女流作家としてやってきた。

先生の書かれた『美は乱調にあり――伊藤野枝と大杉栄』（1966年刊）は、まさにそういう女性たちがぎっしり詰まっているような小説でした。男女が同席でビールを飲むことは100年前には絶対にあり得なかったことだし、女性は参政権さえもっていなかった。勇気と闘志ある女性たちが社会でさんざん戦ってきてくれたおかげでいまがあるということ、特に伊藤野枝のように本能のまま自分らしくのびのびと生きる女性がすでに100年前にいたというのは、本当に衝撃でした。

先生自身もそのような革命家でありたいと思っていらしたんですか？

寂聴　革命するチャンスがあれば、おそらくしていたでしょうね。そういうことをやりかけたけれど、あまり賢くなくて失敗した人がいっぱいいたじゃない？　そういう人を、私は必ず応援している。みんな殺されたけれど……。

何もしないより、している人のほうがいじらしいですよ。

まなほ　先生にとってよい男の条件も、やはり情熱ですか。

寂聴　いや、見かけよ（笑）。

まなほ　（笑）見かけはどうして大事なんですか。中身が表れるから？

寂聴　誰だって好き嫌いがあるでしょう。

まなほ　そうだけどー！　じゃあ、先生の最上級にロマンチックだった恋のお相手はどなたですか。

寂聴　だいたい小説に書いていますよ。
でもね、ここ最近じっと昔の男たちのことを思い出していたら、ろくな男がいなかったわね。「あの男はよかった」と思えるのがひとりもいない。当時はもちろん愛していたけれど、98歳でわかったのは「ろくな男がいなかった」ってこと（笑）。

革命といえば、いつだったかしら、たくさん若い人が集まって……。

まなほ　幕張メッセで開催された東日本大震災被災地支援イベント『FREEDOMMUNE』ですか？　2013年の夏ですね。若い人が大勢集まって、先生が法話のライブをされた。

寂聴　ほとんどが若い人たちだったけれど、本当にたくさん集まっていたのよね。それで何を言って彼らを興奮させたらいいかわからないから、

「青春は恋と革命だ！」

と言ったら、

「うわあ――――――！！！！」

と地鳴りみたいに大きな声で盛り上がって（笑）。ああまで反応が起こると思わな

かった。気持ちよかったですよ。

若い人にはそういう風に感動する力がある！

まなほ　ふふふ。いまこそ、その言葉を若い人に投げかけたいですね。

＊大杉栄……思想家・作家・ジャーナリスト・社会運動家（1885年～1923年）。東京外国語学校仏語科卒業後、幸徳秋水の影響によりアナーキストに。妻帯の身でありながら伊藤野枝と恋愛関係を始め、以前からの恋愛相手であった女性から刺されて重傷を負う（日陰茶屋事件）。1917年に伊藤野枝と『文明批評』創刊。23年9月1日、関東大震災勃発。混乱の最中、同月16日に伊藤野枝および6歳の甥とともに憲兵大尉の甘粕正彦によって殺害された。享年38歳。

＊辻潤……翻訳家・思想家（1884年～1944年）。上野高等女学校に勤務中、教え子・伊藤野枝との恋愛事件を起こして退職。ド・クインシー、オスカー・ワイルドなどの著書を翻訳しながら放浪を続け、評論集『浮浪漫語』『ですぺら』などを刊行。アパートの一室で餓死した。

＊伊藤野枝……日本の婦人解放運動家・作家（1895年～1923年）。上野高等女学校を卒業後、平塚らいてうらの女性文学集団青鞜社に通い始め、機関紙『青鞜』に詩などの作品を発表。編集・発行を平塚より受け継ぎ、女性評論誌へ変えた。しかし、無政府主義に傾倒して大杉栄と行動をともにするようになり、1916年の2月号を最後に無期休刊としてしまう。その後、人工妊娠中絶、売買春、貞操などを題材とし、多くの評論、小説、翻訳を残した。23年、28歳の若さで、大杉栄とともに殺害された。

青春は恋と革命！
情熱をもって
行動を起こすと
何かが変わる

■心がまえ9 ―― 笑う

先生、コロナを仏教でとらえるとどのように思われていますか？

まなほ　新型コロナで価値観の転換が起きたという人も多いと思うんです。家族みんなが家にいるようになって、小さな喧嘩や衝突は増えたかもしれないけれど、**お互いに支え合える存在のありがたさに気づいたり**、マスクをつけずに怯えることなく学校や会社に行くことが当たり前だったけれど、そんな**当たり前の生活が幸せだったんだと気づいたり**。

寂聴　マスクは本当に嫌ね。面倒だったり、暑かったりだけでなくて、美しくない。物心ついた子どもが「人はみんなこんなものをするんだな」と思うのは可哀想。お母さんの綺麗な肌だって見られないじゃない？

まなほ　そうですよね。最近はマスクをしていたら目だけが見えるでしょう。マスクを外したらぜんぜん違う印象だったという人も多いんですって（笑）。あと、マスクで隠せるし、会社に行かなくてもいいから、そのタイミングを生かして整形する人が増えているそうです。私もしたい……（笑）。

寂聴　それでみんなが綺麗になったらいいじゃないの。

まなほ　（笑）まあとにかく、裕福で立派な一戸建てに住んで、高級車に乗って、毎日美味しいものを食べなくても、家で家族とお鍋をつつくので十分というような幸せを噛み締めている人が多いそうなんです。

寂聴　「家族と自宅で毎日ご飯を食べて幸せ」だなんて、ちょっとつまらないな。だいたい家族の時間が増えてよかったというけれど、いつもは家にいない亭主が一日中いて、何もしない、くだらない男だとわかって離婚したくなるという場合だってあるんじゃないの？

まなほ　コロナ離婚ですね。私が今回よかったことは、夫が料理や洗濯をするようになったこと。家事をせずにドデーンと座ってテレビを見ていたら、たぶん先生の言ったように不愉快、目障りだったと思う。でも、自分で家事をするようになって家事労働の大変さを自ら知り、生まれたばかりの息子の面倒もひとりで見られるようになったのは大きな進歩なんです。今回を機に料理にハマった男性って多いんですって。

寂聴　子どもたちは、普段家にいないお父さんが台所なんかにいたら嬉しいよね。お父さんがつくったカレーライスだとやっぱり美味しいと思うんじゃないかしら。

知人の議員秘書が女ったらしで次から次へと愛人をつくるんだけど、本妻の子どもたちが口を揃えて「お父さん、大好き」と言うの。「あなたのお父さん、家にほとんどいないじゃないいの」と返したら、「小さいときに休みは必ず動物園に連れて行ってくれた」「泳ぎに連れて行ってくれた」と。議員秘書本人は忘れているのに、子どもはそういうことを覚えているのね。やっぱり親がそういうことをしてくれると嬉しいものなんです。

うちは職人の家だったから、そういう機会は少なかったけれど、それでも自分の父がどこかに連れて行ってくれた記憶はすごく心に残っている。

まなほ　**家にいることによって父権を取り戻すチャンスもありますよね。**毎晩のように仕事や会食で家にいなかった父親が、家にいるようになって「父」として認められるというか。

寂聴　「お父さんはこんないい人だったんだ！」と子どもは感激していますよ。将来「お父さんはどういう人？」って尋ねたら、「毎日ご飯をつくってくれた！」なんて言うかもね。

子どもはたいがい母親のほうが好きと言うけど、違う。お父さんのことだって子どもは本当に好きね。やはり頼りにしているのかしら。編集者のお子さんと仲良くなって聞くと、みんなお母さんよりお父さんのことを好きと言うわよ。

まなほ　男の人が勇気づけられる話！　ピンチはチャンスですね。

寂聴　**お父さんというのは、値打ちがある。**

まなほ　それで料理して掃除してくれたら、妻にとっても値打ちが上がります（笑）。

寂聴　料理家はどちらかというと男のほうが多いのよ。寿司屋の大将だって高級イタリアンのシェフだって男の人が多いじゃない。

それであなたの価値観は他に何か激変したの？

まなほ　いままでは街に近いほうが便利だと思っていたんですが、新型コロナになって必要なのはスーパーと郵便局くらいしかなかった。毎日オシャレする必要もなく、外食にも行けないなら、街の中心に住まなくてもいいんじゃないかって。

寂聴　確かにそうね。住む場所や働き方など、「こうでなければならない」という固定観念が崩されて、新しいスタイルを選択できるようになったのかもしれない。ただし、何を選んだとしても、この先がいまよりよくなるかはわからないわね。

まなほ　そう。わからないから、いままでのように会社に勤めるのか、思い切って自分の好きなことをやるのか。未来がわからないからこそ、そういうことを思う人も出てくると思うんです。

寂聴　年齢にもよるわね。少々の苦労でも「自分が選んだんだから」と思える人なら、やったほうがいい。

まなほ　田舎に移住する人も増えるかもしれませんよね。

寂聴　でも、田舎って退屈だし、ご近所付き合いだって大変ですよ。移動すればなんとかなるとか、そんなふうに簡単に考えるからいけないんじゃないかな。日本中どこだって、それこそ外国だって、苦労のないところはいまの地球上にはどこにもないと思う。

まなほ　それはそうですね。価値観が変わったというだけで安易に転職したり引っ越すのは、ちょっと危険《リスキー》かもしれません。

寂聴　先生はこのコロナで家族観に変化が起きるとか思いますか。
だんだんいろんな形が出てくると思いますよね。私が若いころは、働くのが男だったからね。男が働いて家族を養う。いまはそうじゃない。お母さんだって働いている。ふたりが働かなくては家族が食べていけないというのがいくらでもあるでしょう。そういう意味で家族関係というのは変わると思うわね。

家族に関する身の上相談と言えば、「姑が嫌だ」「嫁が嫌だ」というのが一番多いんですよ。私は「もとは他人なんだから放っておけ」と答える。姑を好きになったり嫁を好きになったりするほうが珍しい。初めから嫌いなんだったら、無理に仲良くすることないんじゃないのと言います。

まなほ　「無理に仲良くすることがない」ということで聞いておきたいのが、コロナでモノの断捨離が進む中、人の断捨離も進んでいるそうなんですね。ずっと会わなくなって、「あの人は私の人生にこれから必要ない人かも」「無理に会い続ける必要はないかも」と思って関係を断つ。

先生も出家したときに人間関係はすべて切ったそうですが、そういうふうに潔《いさぎよ》くできたのはなぜですか。

寂聴　私の場合は、愛した男を断つにはどうしたらいいか、もう出家するしかないなと思ったんですよ。そうしたら男ってやっぱり純情で、出家したという事実に驚いて、追いかけなくなった。それが51歳。51というのは、女が変わるころなんですよ。そのころだったから、非常にうまくいった。

まなほ　小学生のときは「友達100人できるかな」とかいう歌もあるし、多種多様な人と付き合うことは素晴らしいという風潮もある中、ある年齢がきたら人間関係はそこまで必要ないと先生は言い切れますか？

寂聴　広く浅く友達ができるというのは、その人の性格だから仕方がないの。じっとしていても、その人があたたかくて呑気な人だったら、人が大勢寄ってくるんですよ。

自分が選んでいるんじゃないのね。向こうが選ぶの。それは気にすることはないと思うわ。

まなほ　**たくさんの人と広く浅く付き合う人もいれば、少ない人と狭く深く付き合う人もいるし、無理やり断捨離する必要もなければ、無理に付き合う必要もないということですね。**

寂聴　そうそう。それであなたは、今回のコロナで人間関係を見直したの？

まなほ　私自身はないです。でも、友達同士で喧嘩別れした人がいる。新型コロナに対する危機の感じ方の違い。そんなに気にしないと言って外に出かける子と、家でじっとしておくべきだという子の考え方の違いで、友達が喧嘩してしまった。私の場合、そういうことはなかったです。

ただ、「普通の生活が送れない危機」というのは、考え方をガラリと変えてしまうものだなとあらためて思ったんですよね。東日本大震災のときの東北の方々はこんな絶望的な気持ちだったのかなと……。あのとき、津波によって尊い命だけでなく、人の夢とか希望まで一気にいろんなものが失われました。先生は東北と深いご縁があるし、復興の手助けをされましたが、今回のコロナ禍と東日本大震災に共通点を感じていますか。

寂聴

私は1973年に岩手県の中尊寺で出家し、その後、岩手県の極北の天台寺の住職も1987年から務め、寺の復興のために20年あまり力を尽くしました。そのころから三陸の土地には何度も法話で行っています。あの豊かな海沿いの町はどこも静かで、美しかった。そこで出会う東北の人たちも無口だけれど、とても情の厚い人ばかりでね。美味しいウニやお魚をどんどん送ってくれて、それは嬉しかった。そうした町のほとんどが、津波で消えてしまったんです。

つくづく感じましたね。底のない自然の力は人間の知識の限界を軽々と乗り越えてくる、と。大自然の脅威に対して、知識は限界があるんです。福島の原発も、その知識を過信して「安全」だと言い続けてきた結果、とんでもない危機を招いていた。あれこそ「人災」ですよ。

まなほ　当時、先生は被災地を訪れてどんなことをされていたんですか。

寂聴　実際に何ができるかといえば、義援金を送ったり、被災地を訪れてマッサージしてあげたり、お話を聞いたり、祈ることぐらいね。それでも求めてくださる方々がいるのなら、私もできるだけ応えようと思っていたの。

まなほ　災害に遭われた方々のそばにいて、津波で何もなくなった地を目の前にして、やはり先生がいつもお話される無常ということを考えましたか。

寂聴　そうね。日本人は「人はみな死ぬ」ということを無常ととらえがちだから、自分流の違う解釈を伝えるようにしましたよ。

無常は「常ならず」、つまり「同じ状態は続かない」ということ。

家を失い、肉親が死に、ひとりぼっちになった人たちの哀しみは計り知れない。でも、いま以上に不幸になることはあり得ない。この世のことはすべて生々流転、移り変わる。もうこれ以上の困難は起こらないのだと、私たちは上向きになるしかないのね。そのことを信じること。

どんなに雨が降り続いても、必ずやってくる晴れの日をじっと待つ。

必ず雨は終わる。あるとき気づけば、暗い運命にも光は射し始めるんですよ。

まなほ　楽天的な先生も、こと新型コロナに関しては「明日になれば大丈夫」「来年は大丈夫」とはやっぱり言わないですよね。

寂聴　まさに人の世は儚《はかな》い、無常だという感じですか。
まなほ　あなた、上手じゃない。今度の説法、私と代わったらいいわ。
寂聴　（笑）
一寸先がわからないことが「無常」。
これはマイナスの言葉ではなく、**いまは悲しくてもやがて慰められるときが必ず来る**ということ。一寸先は闇である無常の世を生き延びるためには、目に見えないものに心の目を凝らすべき。目に見えないものとは神、仏、宇宙の生命、そして人の心。
そして、**人生は無常です**。**決して同じ状態は続かない**。いまがどん底なら、床に落ちたボールが跳ね上がるように必ず上に上がります。だから、どんなに苦しくても、人生これで終わりだと思わず、決して希望を失わず、定命まで精一杯生きていきましょう！　って、あなた、もうこれくらいすらすら言えちゃうでしょ（笑）。

まなほ　先生は今回のコロナ禍を仏教としてとらえたときに、どう思われているのですか。

寂聴　やっぱり「地獄」でしょうね。
人間の力ではどうにも抗えない不幸が襲っている、つまりこれが地獄。でも、こういうことが来なければならないほど、人間って悪いことをしているんじゃない？
そんな感じがする。みんないいことしているみたいな顔をしているけれど、それぞれ相当悪いことをしているんじゃないかしら。

まなほ　辛いこと……例えば夫が死んだり子どもが死んだりしたら、「日にち薬」があったり、同じような経験をした人に慰められたり、「時が解決してくれるよ」と言える。でも、このコロナに関しては「来年になったら大丈夫だよ」「再来年になったら学校に行けるよ」とは誰も言えない。

寂聴　そうは言っても、誰もがわからないという状態は捨てておけないからね。勉強してわかるようにならないと困る。私はもうすぐ死んでいくけれど、あなたたちはこれからなんだから、「勉強してノーベル賞をとって、コロナウイルスを理解しなさい」ということは言えるわね。

まなほ　でも、先生の中ではいまのコロナ禍は地獄なのか……。

寂聴　仏教でとらえるなら、それはやっぱり地獄というものを教えられているんじゃないかしらね。

人間がいい気になっていたから、懲らしめられているのよ。いや……地獄はもっと厳しいかもしれないけれど。

まなほ　では、仏教者として先生ができることはなんですか。

寂聴　仏教者と言っても頭を丸めているだけで、何の力もない。

まなほ　もう、先生はちゃんと出家した身なんですから！　じゃあ、先生だけではなくて、全国の宗教者の役割は？

寂聴　宗教者としてできることがあったら、なんでもしますよ。お金を出せと言われたら出すし、土地を出せと言われたら出す。

まなほ　やっぱり先生には法話をしてもらいたい！　早くコロナ禍が収まってほしいです。

寂聴　私が法話を行っている間だけでも気持ちが楽になるなら、いくらでもしてあげますよ。
私は人を笑わせるのがうまいの。

人間は笑わなきゃダメね。どんなときでも笑えたら、その瞬間に気が楽になりますよ。
自分を自分でほめること、そして笑うことが大事です。

人間は笑わなきゃダメ。
どんなときでも笑えたら、
その瞬間に
気が楽になります

瀬尾まなほ 撮

■心がまえ10――楽しむ

先生、コロナ禍における芸術の役割は何だと思いますか?

まなほ　今回のコロナ禍で演劇やお芝居、音楽ライブやイベント、歌舞伎など伝統芸能の舞台などがすべて中止になりました。先生が大好きな市川海老蔵さんの十三代目市川團十郎白猿襲名披露も延期になっています。

寂聴　私、本当に今夜死んでもいいんだけど、海老蔵の襲名を見られないのは、それこそ死んでも死に切れない。ご祝儀だって渡していないし。

まなほ　新聞で読んだのですが、80年前、戦前の1940年に発足した大政翼賛会が「新生活体制」というのを説いていたんですってね。家庭菜園の野菜を使う季節ごとの「漬けもの暦」とか、古くなった着物の再利用でふすまを飾るとか、そんな記事が新聞や雑誌にたくさん載っていた。それから美容室や、女給（ホステス）が接客する特殊喫茶（カフェー）がやり玉にあがり、映画館の行列は白い目で見られた、というようなことが書かれていました（大塚英志「日常に入り込んだ公権力」朝日新聞2020年6月20日）。コロナ禍でもまさに、家庭菜園の本がすごく売れたり、断捨離が推奨されたり、美容室やホステスさんのいるクラブや、芝居などの観劇一般が自粛されました。先生の経験した戦争時代と「新しい生活様式」を呼びかけるコロナ禍のいまがとても似ている気がして……。文化や娯楽が自粛になっていくのとか、そっくりじゃないですか。

寂聴　いや、**戦争のときはもっと決定的だったからね。絶対に反対できなかったから。いまは反対できるじゃない**ですか。

まなほ　いまとは違いますか？　「あれはダメ、これはダメ」といろいろと政府から規制されていたり、一般の人が正義だといって警察みたいな動きをしているのが、まるで戦争時みたいだと思うんですけど、先生にしてみたらまったく比にならない？

寂聴　戦争のときは本当に何もできなかったのよ。

まなほ　言われたことをそのまま聞くというか、聞かざるを得なかった。「嫌だ」とか「それはおかしい」とは言えなかったということ？

寂聴　言えなかったし、思わなかったもの。勝たなきゃいけなかったし、恋人であろうが親であろうが、召集されたら行かなきゃいけない。それに対して悲しいなどと思う人はいなかった。そこが恐ろしいんですよ。

子どものころから日本が戦争をしていたので、物心ついたときから「非常時」という言葉を耳にタコができるくらい聞かされてきたんです。私たちにとっては「非常時」が日常だったの。厳しい時代だった。大人になって、さらに大きな戦争がやってきた。私なんか新婚で、夫について北京に行って、子どもが生まれてすぐの夏に夫に召集令状が来ましたからね。まさか来ないと思っていたから驚いた。北京で終戦を迎えたあと、恐怖と心細さを抱えながら命からがら日本へ引き揚げると、日本は焼け野原。郷里の徳島も空襲に遭い、母親は防空壕で焼け死んでいました。どん底とは、まさにこのことだと思いましたよ。だけど、その辛さを忘れないで、人間はやっぱり生きていくしかないんです。

まなほ　そうですか……。戦争経験者としては、いまは戦争のときとは比べものにならないんですね。

寂聴　戦争のときは有無を言わせないものがあったからね。とにかく批判ができなかったからね。まあ、私のいまの唯一の希望は、海老蔵の襲名披露を見てから死ぬことよ（笑）。

まなほ　海老蔵さんとはいつから知り合いなんですか。

寂聴　私は1998年に『現代語訳 源氏物語』を完結させたでしょう。2000年に歌舞伎座で『源氏物語』が公演されることになったとき、主演の光君を演じる海老蔵と対談することになったんです。宣伝の人が対談直前に「海老蔵は先生の書かれた源氏物語を読んでいませんし、何も知らないものだから変なことを言うかもしれないけれど、どうぞお許しください」と言ってね（笑）。

それで対談が始まってすぐ海老蔵が、

「先生、源氏物語というのは先生が書いたの？」

って（笑）。
「こいつは面白い！」
と思って好きになった。そうしたら舞台がものすごく綺麗でね。光君の海老蔵が本当に綺麗だった。それからずっと仲がいいのよ。お父さんとも仲よかったし、おじいちゃんもそれはすごい名優でしたけど、よく知っていた。みんないい人だった。

まなほ　三代を直接知っているってすごいですね。いまは海老蔵さんに息子もいますし。襲名披露は２０２1年の5月の予定だから、一緒に見に行きましょうね。

寂聴　たぶん、死んでて無理だと思う。

まなほ　いや、たぶん大丈夫だと思う（笑）。
私はコロナ危機の日本で**歌舞伎みたいな演劇を上演したり、音楽や映画こそ、人に勇気を与えるんじゃないかなと思う**のですが、先生はどうお考えですか。

寂聴　本当にそうよね。こういうときこそせめて1時間でも心を違うところに連れて行ってもらいたいわ。自粛自粛というだけでなくて、もっとやればいいのに。でもそういうことを言うと、「こんな危機的状況に舞台の上演などけしからん！」「厚かましい！」とか憤る人がいるのよね。

歌舞伎役者の話で言うと、私が見た中で天才は中村勘三郎ね。本当にいい男だった。役者としてだけでなくて、とにかく女性を見たら口説くの(笑)。私とは何もないよ。だけど勘三郎と恋仲になった女は全員、彼のことをほめるね。

まなほ　すごいですね、悪口を言う人がいないって。

寂聴　だって本当にいい人なんだもの。それに芝居が上手い。一度「ちょっとおいで」と言われて何かと思ってついていったら、誰もいないところでちょちょっと芝居を教えるの。それでいきなり舞台に出すのよ。本当にびっくりした。私は舞台度胸があるから、ちゃんとやったけれど（笑）。

まなほ　それって、ゴミ拾いのおばあさんの役じゃなくて？

寂聴　違う違う。

まなほ　いつのお話ですか？

寂聴　もう作家にはなっていたわね。40代かな。

まなほ　ということは、勘三郎さんはまだ20代くらい？

寂聴　そうね。勘三郎とは彼が高校1年生くらいのときに、取材で初めて会ったの。よく気が利いて、優しくてね。「寒くない？　暑くない？」という感じで、お茶を出してくれたりお菓子を出してくれたり。この少年がこんなに気をつかっていいのかしらというくらい、本当にできた子だった。それでいて舞台もいいんだものね。

まなほ　人間的な素晴らしさと舞台の能力というのは別物でもないんですね。

寂聴　それは人によると思うけれど、勘三郎は一緒だった。

まなほ　舞台役者や歌手などは舞台を通して人を楽しませることができるけれど、逆にこういうときに作家や小説家にできることはなんだと思いますか。

寂聴　面白い小説を書いたらいいんじゃない？　でも小説家はいま力がないね。

まなほ　文学が果たす役割みたいなものはありますか。

寂聴　役割はあると思うよ。素晴らしい作家がいたらね。それができるかできないかはわからないけれど、新型コロナウイルスをやっつけて人類を救おうとする人、努力をする人、それを書く人が出てくるかもしれない。哲学的にも宗教的にもそれがわかるような天才が出てこないとも限らないよね。

私自身はもう時間もないし、コロナの小説なんかは書こうとは思わないけれど。

まなほ　この自粛の3カ月間を通して、本当に何か新しいものを書こうと思われなかったのですか？

寂聴　新しく何かを始める力はなかった。ただただ暇があったら横になって寝ていたから。……でも少し前から、死ぬまでに俳句の本をまた一冊出そうかなと思うようになったわね。あともう1冊くらい小説を書いたほうがいいのかなと。できるかどうかわからないけれど。

まなほ　それは書き下ろしで？

寂聴　もちろん。

まなほ　本当!?　書き下ろし、苦手じゃないですか。足掛け4年とかかかるから。

寂聴　でも、いまだったらと。最後の挑戦で。

まなほ　それは絶対に頑張ってください。待っている人がたくさんいますから！

歌舞伎、演劇、音楽、

映画、小説……が

いまこそ、

人に勇気を与えてくれる

■心がまえ11 ―― 夢が生まれる

先生、目指してきた「夢」が延期や中止に、どのように慰めればよいですか？

まなほ　新型コロナのせいで、今夏に留学に行くはずが行けなくなったとか、甲子園に出場できなくなったとか、子どもたちの夢が無残にも壊されています。

寂聴　可哀想ね。

まなほ　特にチャンスが今年だけだった場合、「来年があるさ」とも言えないわけで、親としてなんと慰めたらいいのですか。

寂聴　それは親の力では慰められないわね。世の中がそういうふうになったんだから、運が悪かったとしか言いようがない。

「思いどおりにならないのが人生だ」と教えてあげることよ。みんな思いどおりにならない中を懸命に七転八倒しながら生きてきて、ちゃんと自分の思いを果たしているんだから、こんなことで悲観することはないんだと。

まなほ　そうですよね。その子だけではないですもんね。日本どころか世界中で、「今年のチャンス」を失った人がいる。

寂聴　**コロナ禍に巡り合って一見不幸に見えるけど、こんな時代に生きたということは後々すごく大きな財産になるんです。**「不幸」はときに将来のための経験値になるというか。

私も100年近く生きてきて、「あんな思い、しなきゃよかった」と思うのではなく、

「あんな思いをしたから、いまがある」

という気がするわね。いいんですよ、そういう目に遭うのは。

悔しかったり悲しかったり失望したり幻滅したりして、たくさん涙を流したほうが、最後は幸せになると思う。

まなほ　若い子の夢が打ち砕かれても、

「きっとこの経験はあなたの人生に生かされるよ」と。

寂聴　**「この夢」はなくなってしまうかもしれないけれど、絶対にもうひとつ「違う夢」が、生まれてくる**から。我々には思いもかけない夢がね。人間はそうやって生きてきているんです。

いま我々はこれが素晴らしいと思っているけど、次の時代も同じように素晴らしいとは思われていないじゃない？　結婚制度しかり、恋愛のルールしかり。なんでも変わるんです。変わるから生きていかれるのね。

ただし、その変わり方だわね。よく変わるかもしれないけど、もしかしたら悪く変わるかもしれない。そこが怖いですね。

まなほ　今回のコロナがすごく大きな変わり目だということですか。

寂聴　それはそうよ。私が100年弱生きてきて、戦う相手と戦えないというのは初めてですよ。

早くノーベル賞級の学者がちゃんと説明してくれたらいいんだけどね。新型コロナをやっつけられる科学的な力、薬とか医学の方法を早く見つけてほしい。

まなほ　先生には「これはやっておけばよかった」という経験がありますか？

寂聴　私は今夜死ぬかもしれない。この歳《とし》になったら、死ぬのは怖くもなんともないんです。いつ死んでもいいと思っている。時々、自分自身を振り返るんだけど、これだけしたいことをしたらもういいやと思いますね。あれをやっておけばよかった、なんてことはない。食べたいものは食べたし、飲みたいものは飲んだし、着たいものは着た。

まなほ　自分のしたいことをするって、生きていくエネルギーになりますか。

寂聴　私は小説が好きだし、小説を書かなかったらこんな生活はしなかった。好きなことをして死ぬんだから、まあよかったと思います。

まなほ　だけど、自分が好きなことをするために、いろんな人を犠牲にしているからね。犠牲にしようと思ってしたわけではないけれど……。娘なんかそうだわね、小さいときに私に捨てられて。

まなほ　好きなことをして生きるって、自分の欲や業《ごう》に正直になるということなのかなと思うんですけど。

寂聴　正直といえばよさそうだけど、つまりは勝手でわがままですよね。やっぱり**生きていく中では辛抱しなきゃいけないこともある**でしょう。右に行きたいけれど、右に行くのは誰かを傷つけると思って左に行くとかね。そういうのが人生で何度もあるんじゃないかしら。

まなほ　そうか。普通の人は自分のことだけ考えて生きることをなかなか選択できないとは思うんですが、それでも自分の心に正直になることはいいことですか。特にこういう危機的な状況では。

寂聴　「あの人は自分の心に正直ね」なんて言われている人にろくな人いないですよ（笑）。こうしたいけど、これをしたら心が痛む人がいるとか、不幸になる人がいる。それでも私はするんだと言ってすることがありますよね。それはするほうが悪い。自分がすることで誰かが不幸になったり心を痛めたりするのは、やっぱり悪いわね。

「この夢」は
なくなってしまうかも
しれないけれど、
必ずもうひとつ
「違う夢」が生まれてくる

■心がまえ12――あきらめない

先生、「この人に恥じない生き方をしたい」と思う人はこれまでにいましたか？

まなほ　先生にとって、「自分はこの人に恥じない生き方をしたい」「この人をがっかりさせたくない」と思う人はいましたか？

寂聴　あなたはどうなの？

まなほ　私は例えば「お母さんが悲しむな」とか、もちろん先生もそうで。先生をがっかりさせたくないから、こんなことはやめておこうとか、これをしてみようと思うことがあります。

寂聴　私は父親と母親が私を信じているのに、両方の夢を破ったわね。だけど彼らは社会的に私がダメなときでも何かを信じていた。それは自分でもわかるの。母親なんかは私のいいところをまったく見ないで死んだけれど、一番私の才能を信じていた。**「必ずこの子は何かする」と。そういうふうに親が思うと、子どもにちゃんと伝わる**のよね。

まなほ　お母さんの存在が先生の辛いときの支えだったということですか。

寂聴　私が社会から「子宮作家」などとものすごく批判されていても、「お母さんが生きていたらわかってくれるだろうな」と思っていた。父親も実際にそのときははっきりとかばってくれたわね。「社会が間違っている。お前のほうが正しい」って。

まなほ　そういう存在がいるというのは、すごく大きい。

寂聴　例えば戦争中、姉の亭主がずっと戦争にとられていたんですよ。戦後もシベリアに連れて行かれて、長く帰ってこなかった。姉は一生懸命働いて、ふたりの子どもを育てて、病気の父親の面倒を見て、本当に健気《けなげ》にやっていたんです。だけど世間はいろいろ言う。「男ができているみたいだ」とか噂されたの。父親はそれを聞いて怒ってね。「23から26歳までの女盛りをひとりにした、そういう戦争をした政府が悪いんだ」と。

まなほ　素晴らしい。

寂聴　「残された女が万一、身を誤ったとして、どこが悪い」って。そんな言い方をしていました。それを聞いて、私は「お父さんもいいところあるな」と思った。実は、姉は一切そういうことをしていないんだけど、世間はちょっと何かあったら勝手な憶測でそれらしいことを言うんです。

まなほ　親の愛って本当に深いですね……。あと、制限された苦しい状況で我々が学べることはありますか。

寂聴　その状況下に投げ込まれて、なかなか抜け出すことができないけれど、やっぱりその運命に負けちゃいけないわね。

「こういう状況になったんだから仕方がないわ」とあきらめてはいけない。奮い立って、なんとかして正常に戻すべく努力するしかないんじゃないかしら。ひとりだと弱いから、みんなで力を合わせたらやっつけられるんじゃない？　子どもも守らないといけないし。子どもはやっぱり希望ですよね。

まなほ　今回の新型コロナ騒動で、先生は人類が変わったと思いますか。

寂聴　変わるか変わらないかはさておき、慌てていることはわかる。

何度も言うけれど、戦争のときは敵というものがはっきりしていた。敵に負けちゃいけないというのは、1＋1＝2みたいにはっきりしていた。今回の新型コロナはそれがない。たぶん、ダメな人類に警告を与えてやろうということで、地球規模で新型コロナウイルスが蔓延したのかもしれないし。

まなほ　では、戦時中の日本人の姿を見ている先生としては、こうやって慌ててんやわんやしている日本人を見てどう思いますか。

寂聴　さっきも言ったけれど、いまと戦時中とは比較にならないですよ。だって「こんな戦争くだらない！」なんて言ったら殺されるんだから。「この戦争はいい戦争だ。世の中のためにやっているんだ」と教え込まれ、特攻隊で死ぬことが立派だと言われていた。人間が人間じゃなかったわね。

まなほ　確かにいまは反対意見も言えますね。

寂聴　新型コロナがいくら恐ろしいと言ったって、姿が見えない気持ち悪いものだって、いつかはやっつけることができる。人間が必ず勝ちます。

まなほ　先生自身はいま、不安を感じてはいない？

寂聴　**不安は感じるけれど、人間の知恵が必ず収める**と思っています。思っているより時間もかからないんじゃないかしら。

まなほ　すごい。先生は楽観的ですよね。

寂聴　１００年近くも生きていると感じるけれど、日本人はだいたいが前向きというか、苦労の中にも喜びを見出せる才能があるのよ。東日本大震災だって、大地震、津波、原発事故とあり得ないほど大きな不幸に見舞われたけれど、それでもなんとか乗り越えているじゃない。

コロナだって乗り越えるわよ。

まなほ　世の中は新型コロナで大変だけど、先生は生きることを楽しんでいるように見えます。

寂聴　やはりおいしいものを食べて、楽しい思いをしたいじゃないですか（笑）。

まなほ　私は先生にうつすのが本当に怖かったので、自宅と寂庵の往復だけにしていました。初めは高齢者がかかりやすいという話だし、余計に気をつけていた。そして出かけられない分、家で何かつくってみんなに食べさせたりして、やはり家族がいるっていいなと思いました。

寂聴　あなたは好きな男と結婚して、あんな可愛い子ができて、いまこそ幸せいっぱいなの。いまを楽しんでいるから。ただし、**いいことばかり続くとも思わないようにね。人生、何が起こるかわからない。**

まなほ　その言い方は怖いです（笑）。でも復帰早々に先生のほうから「保育園行かせなくてもいいよ。お客さんも来ないんだから、家（自宅）で子どもの面倒を見てもいい」

と言ってくれたのは本当にありがたかった。いままでは私のことを心配してくれたのに、いまは息子のことも心配してくれる。すごくありがたいです。

寂聴　やっぱりチビのほうが可愛いもの、おばさんより。私が死んだらここで子どもを集めて保育園でもしたら？　流行るわよ。

まなほ　(笑)

寂聴　遺言に書いておいてあげるよ。

まなほ　先生のお嬢さんが怒るんじゃないですか？

寂聴　さあね。彼女はアメリカンスクールで、日本人でただひとり、先生をしたことがあるから、案外あなたよりいい先生になれるかも……。

まなほ　だったら保育園に改良するための費用もぜひおいていってください（笑）。

どんな困難も不安も、
あきらめない。
人間の知恵で
必ず収められる

■心がまえ13 ―― 祈る

先生、祈ることは効き目がありますか？

まなほ　私は寂庵のお堂でお祈りしたことなかったけれど、妊娠してから先生が「とりあえずお堂に行って、観音さまにお祈りしなさい」と言うから、「元気な子が生まれますように」「先生が健康で長生きできますように」と毎日祈っていました。それでだいぶ心が落ち着いた気がします。

寂聴　昔は家に仏壇と神棚があって、なんとなく毎朝拝んだりしていたでしょう。それで

「いざとなったら仏さまや神さまが助けてくれる」と信じられた。いまは、神社はほうぼうにあるけれど、家に神棚なんてほとんどないし、そもそも「神」という存在がわからなくなっている。神さまとか仏さまとか、拝んだり祈ったりしたら助けてくれる存在が、いまはないんですよ。

クリスチャンの家だと日曜学校くらいは行くかもしれないけれど、親が信じていても子どもが必ず信じているというわけでもない。子どもまで納得させるような信仰というのは、いまの日本にはないんです。

まなほ　私は無宗教ですが、何か心の支えになるような宗教か何かをもったほうがいいということですか。

寂聴　もったほうがいいと思う。実際に本当に困ったらやっぱり何かに頼ると思うの。信頼しきっていた亭主が他の女のところに行ってしまうとか、借金が山のようにあることが妻に突然バレるとか、いろいろあるじゃない？

生きていたら、いいことばかりじゃない。それが当然なんだけど、人はなぜかいいことばかりが続くと思って生きているから。人間って呑気だからね。実際はいつ何が起こるかわからないんですよ。だって、新型コロナウイルスが世界中に蔓延して、50万人以上が死ぬなんて、誰が想像しましたか。こんなこと夢にも思いもしなかったでしょう。

思いもしなかったことが起きたらこれだけ慌てるんだから、これからは何が起こるかわからないと覚悟しておくことが大事。

昔、ユリ・ゲラーというスプーンを曲げる超能力者がよくテレビに出ていたでしょう。当時、私も面白半分でスプーンを撫でていたら、ぐにゃりと曲ったの。でも、それが私の超能力のせいとはどうしても信じられなかった。私の掌は、自分の痛いところに触れるとアイロンをかけたようになって快くなるし、他人の体も悪い箇所に掌が近づくと、かっと熱くなって、ほぼ患部を言い当てる。それでも超能力や霊能力だとは思えなかったのね。どちらかといえば私は科学的に物を考えるほうで、奇跡などは信じていないから。

ところが、出家して比叡山延暦寺の横川中堂での護摩行や、三千仏礼拝という荒行で気も遠くなりかけた経験をしてからは、

「祈りとは無私になりきらなければ仏に通じないものだ」

ということをおぼろげながら体得したの。同時に、昔の霊験譚の多くも、すべてがつくり話というわけではなく、昔の人が素直で無欲な心をもっていたころにはそういう奇跡も行われたのではないかと思うようになった。

霊験の多くは純粋で切なる祈りのときにのみ現れる。あるいは、人が何かを信じき

り、任せきったときにのみ現れるんだな、と。

まなほ　なるほど。**無心に祈ることは心に効き目がある**んですね。

寂聴　効き目はあるわね。祈る相手を信頼できれば、だけど。

まなほ　先生は「神さま」とか「仏さま」という存在について、小・中学生のような年齢の子にはどのような説明をされるんですか。

寂聴　この世には人間以外に、もっと素晴らしい力をもった、神さまとか仏さまと呼ばれている存在がいます。人間の力はたかが知れているから、いよいよ困ったときには「助けてください」と祈りましょう、と言うわね。

まなほ　「祈ったら助けてくれる」とまで言うんですか。「助けてくれるからお祈りしましょうね」と？

寂聴　助けてくれなくたって、一緒に殺されたって、その瞬間まで信じていられたらいいんじゃない？　人を慰めるために「神さまが助けてくれるから祈りましょう」なんて言うでしょう。私自身はあまり信じていないけれど（笑）、そうしたら本当に効くことがあるのよ。万に一つだけど。

だから「祈っても答えが出てこない」とは言えないと思うのね。

まなほ　普通の宗教家の人は「導いてくださいます」とか「きっとあなたをお助けしてくれます」とか、そこまで言いますよね。でも先生は「お祈りしましょう」だけで、「助けてくれるよ」まではいつも言わない。

寂聴　だって信じていないんだもの（笑）。

「祈りましょう」と言って一緒に祈ると、人はそれだけで安心してくれるんですよ。

だからそれでいいんじゃない？

まなほ　先生は「祈りましょう」で止めている。
「神さまが助けてくれる」まで言わないのは、やはり先生の中で確信がないから。
私はそれでいい、いえ、むしろそれがいいと思うんです。「助けてくれる」と信じすぎてしまうと、助けてくれなかったときに神棚とか壊しちゃいそうだから（笑）。

寂聴　でも、人間以外の何かはあるのよ。それを神と呼ぶか仏と呼ぶかは、宗教であり哲学でもあるんだけど、とにかく何かはある。
だから、**人間の知恵で解決できないときは、祈ればいい。そして、素直に「助けてください」と言えばいい。**

まなほ　先生の祈りは特別に効きますよね。
私の結婚式も雨予報だったのに、雲を払って晴れさせてくれたし（笑）。

寂聴　私は出家しているでしょう。自分ではわからないけれど、普通とは少し違うんじゃやないかな。やっぱり何かしらあるんじゃないかしら。例えば「まなほの子が無事で生まれますように」と心で思って、まなほのお腹を撫でる。それは、普通の人がそうするよりは、効き目があるんじゃないかと。

まなほ　そんなときだけね、出家しているという自覚があるのは。

ご自分が神さまや仏さまに近いというのはありますか。

寂聴　私自身が「神に近くなった」と自覚するのではなく、「出家」という行為をしたことで仏さまにはやっぱり近くなるんです。だからその力があるんじゃないかしらね。それに剃髪して法衣を着ていたら、その姿だけで人は安心する。だから形というのは、わりと大事なんじゃないかな。

まなほ　私は先生のことを「尼さん」と感じてないですよ。すごく近すぎて。法話に来られる皆さんが先生を見るのと、私が先生を見るのはやっぱり違う。その言葉を信じられるのも、尼さんだからでなく、瀬戸内寂聴という人だからなんです。

寂聴　いや、やっぱり尼さんだからよ。私が金髪のカツラを被って色物の服なんかを着ていたら、ぜんぜん違うと思うわ。あなたは特に。

まなほ　（笑）祈る話に戻ると、今回のコロナの件でみんなの心に恐怖や不安が蔓延していると思うんです。対象がなくて、ただ祈るだけでも、平穏な気持ちにはなれますか。

寂聴　クリスチャンでなくても、仏さまを信じていなくても、日本人は例えばお地蔵さまが道端に鎮座していたら手を合わせるでしょう。そういう習慣があるのね。

極端な話、**小さな石ころに拝んでもいいんです。祈る気持ちがその石を通じて、その石が力をもつ**の。

うちのお堂の仏さまだって、古道具屋で買ったものとか誰かがもってきたものばかりで、上等なものはひとつもない。でも訪れて拝む人が本当にたくさんいらっしゃるから、その仏さまに力が出てくるのね。

「寂庵へ行って仏さまを拝んだら病気が治った」とか「息子が大学に入った」とか言う人がたくさんいるのは、拝むほうの気持ちというか、**拝んだ行為に本人が安心を感じていて、それがいいように作用する**ということなんです。

逆を言えば、**立派な仏師が彫った上等な仏像であっても、誰も拝まなければ、その仏さまは力をもたない。**

まなほ　それって面白いですね。もともとはモノなのに、人がそのモノに対して願いを込めて祈るから、力をもつようになって願いを叶えてくれるってこと……。

ということは、ここに行ったら元気になるとか願いが叶うとか世間で言われる、パワースポットも同じことなのかもしれないですね。

寂聴　巡礼だってそうよね。「そこに行ったら何かがある」と信じて、ひたすら歩いていくから、何かが起きる。

まなほ　そう言えば2歳のとき、いまは亡き祖母にフランス人形を買ってもらったんです。姉と一緒に。それで小さいころから何か不安だったり高熱が出たりしたときは、その子に助けを求めると、不安が収まったり熱が下がったりとかしました。2歳から一緒にいるので、たぶん魂が入っていると思うんですよね。

寂聴　ほら、ちゃんとあなたにもいたじゃない。祈る相手が。

人間の知恵で
解決できないときは、
祈ればいい。
そして、素直に
「助けてください」と
言えばいい

対談を終えて――

先生、コロナで死に対する感覚に変化はありましたか？

まなほ　先生はずっと「どうせ死ぬんだから好きに生きるわ」とおっしゃっていたけれど、新型コロナの影響でそういう死に対する感覚に変化はありましたか。

寂聴　コロナ自体はあまり怖くなかった。だってもうすぐ100歳なのよ。今日生きていることが不思議。だからいつ死んでもいいと思っている。

まなほ　でも、「コロナでは死にたくない」と言っていたじゃないですか。

寂聴　痛いのが嫌なの。コロナって死ぬとき痛いんだってね。それが嫌。検査も痛いと聞いて、絶対にかかりたくないと思った。

まなほ　痛いの、苦手ですもんね。

寂聴　私ずっと「極楽は退屈だから地獄がいい」と思っていたの。でも、入院したときに、やっぱり地獄は嫌だと思った。地獄は鬼に痛い目に遭わされそうだから行きたくなくなった。

まなほ　そう思わせたくらい、この間の入院が辛かったということですよね。それまでは「地獄だったら毎日どんな鬼が来るかなって楽しいじゃない」と言っていたけれど、病院に行った瞬間に「もう無理。変えた。天国に行きたい」って（笑）。あれは94歳のときでしたっけ？　病気は人の考えを変えるんですね。でも不思議なことに痛みはもう忘れている。あんなに痛がっていたのに。

寂聴　考えたら親しい人はみんな死んでいるのよね。もし「あの世」があるなら楽しいと思うけれど、私は死んだら何もないような気がするの。天国も地獄もね。坊主のくせにそれを言ったらおしまいだけど（笑）。あとは天国があったとして、向こうで誰かに再会するのも今さら面倒だなと。同じ人にまた会って、また好きになって、喧嘩して。そんなのはもうたくさん。

まなほ　いや、先生、ぜひ天国に行ってください。

寂聴　さすがに私の人生、天国には行けないでしょう。地獄にも行きたくないけど、天国にも行けない（笑）。

まなほ　（笑）どこに行くんだろう？

寂聴　また放浪するんじゃないの？

まなほ　ずっとこのまま何歳まででも。

寂聴　死んだあと、向こうの様子をこちらの世界に教えてあげたいよね。こんな感じよって。それを週刊誌で連載しようかしら。

まなほ　先生、私に原稿を送ってくれたら、やりますよ。瀬戸内寂聴、地獄特派員（笑）。

寂聴　ベストセラーになるかもよ。

まなほ　絶対なる！
寂聴　いまは生きているけど、今夜死んだことにして、それを書いたらどうかしら？
まなほ　今夜死んだことにするの？　今夜死んだら、遺産がお嬢さんに渡って、先生は一文無しで暮らさないといけませんよ。
寂聴　いいじゃない。今夜から書くでしょう？　それがベストセラーになって、またギャラが入ってくる。それを自分で受け取るの（笑）。
まなほ　ムリですよ。だって死んだんだから。「死んだ死んだ詐欺」って怒られますよ。
寂聴　死ぬときに、「あれをしないで残念だった」ということがあるし、「あれをしたために失敗して無念だった」ということがある。やっぱり、あれをしないで残念だったというほうが本当だと思うわね。だからしたほうがいいのよ。
まなほ　わかった。先生、牢屋に入りましょう（笑）。
寂聴　（笑）最後の小説は牢屋で獄中日記を書こうかな。

まなほ　そのあとは、地獄探訪の連載が続く、と（笑）。冗談はともかく、まだまだ先生の書くものを楽しみにしてくださっている方々がいるから、俳句集と書き下ろし小説一冊は頑張りましょうね。

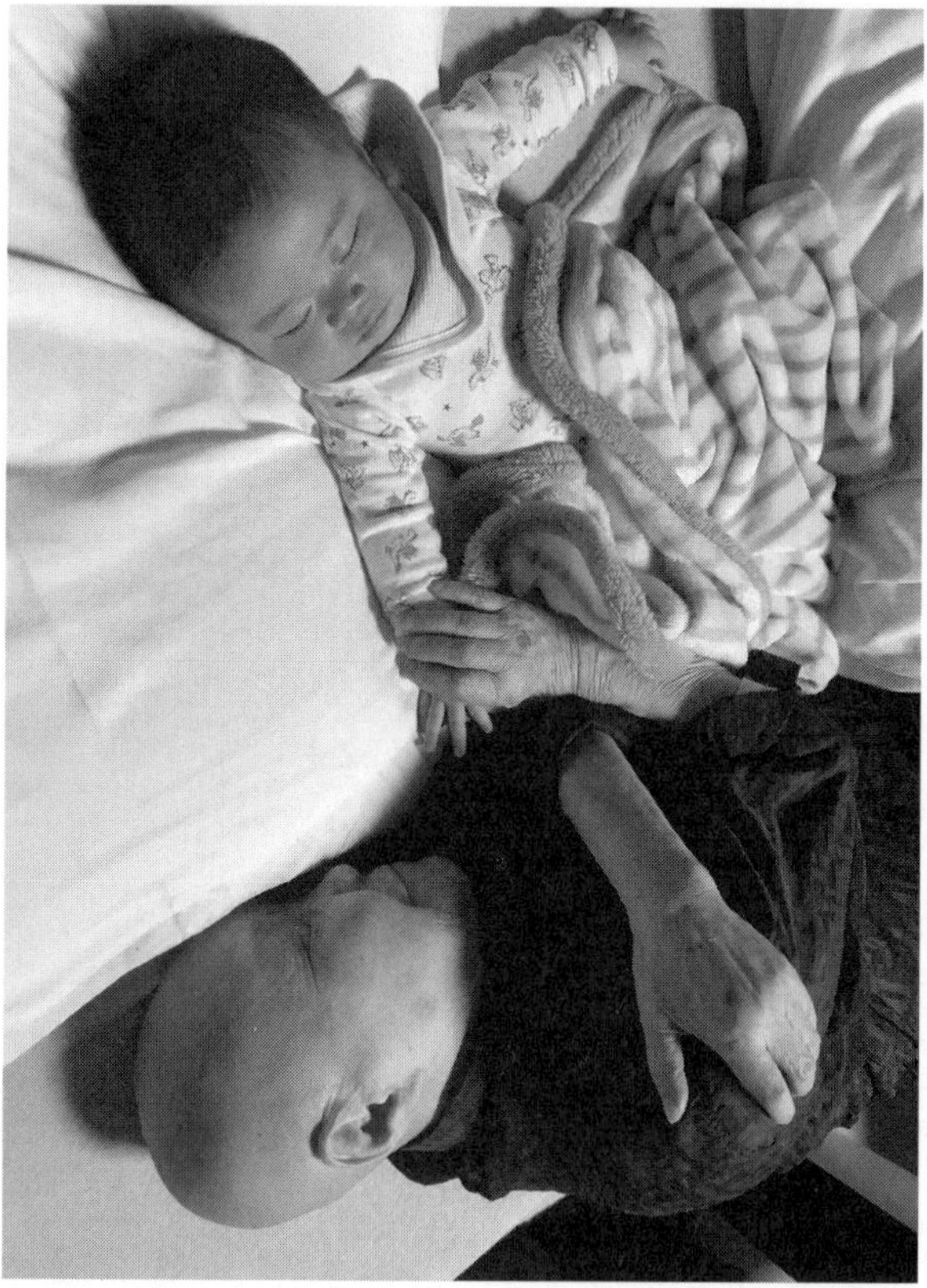

瀬尾まなほ 撮

あとがき――

人間の英知のすべてをかけて

瀬戸内寂聴

100年近く生きてきた最晩年に
このような悲惨なことが身の回りに起こるとは、夢にも思わなかった。
あの酷い戦争と匹敵するくらいの大事件である。
私の生まれた二年前にスペイン風邪という感染症が世界を駆け巡った。
婚約者をスペイン風邪に奪われた女性が母の友人にいて、

訪れる度に泣いていたのを幼いながら覚えている。
人をそれほど不幸にする病気があるということが、心に刻みつけられたが、
自分の生きている間にそんなに恐ろしい病気が
ふたたび身の回りにせまっているなどとは想像も出来なかった。
あれから世の中はあらゆる点で予想もつかないほど進歩している。
それなのに、こんないまわしい病気を防ぎきることも出来ないとは——。
人間の英知のすべてをかけて一日も早くこの怪物を退治してしまわなければ——。
しかし、人間の英知は必ずこういうウイルスを退治する力を持つだろう。

２０２０年７月

撮影　篠山紀信

瀬戸内寂聴

1922年、徳島県生まれ。東京女子大学卒。1957年『女子大生・曲愛玲』で新潮同人雑誌賞、1961年『田村俊子』で田村俊子賞、1963年『夏の終り』で女流文学賞を受賞。1973年に平泉中尊寺で得度、法名寂聴（旧名晴美）となる。1992年『花に問え』で谷崎潤一郎賞、1996年『白道』で芸術選奨文部大臣賞、2001年『場所』で野間文芸賞、2011年『風景』で泉鏡花文学賞、2018年『ひとり』で星野立子賞を受賞。1998年『源氏物語』現代語訳を完訳。2006年文化勲章受章。近著に『愛することば あなたへ』（光文社）、『いのち』（講談社）、『寂聴 九十七歳の遺言』（朝日新聞出版）、『はい、さようなら。』『あなたは、大丈夫 寂庵コレクションVol.2』（ともに光文社）など。

瀬尾まなほ

1988年、兵庫県生まれ。京都外国語大学英米語学科卒。卒業と同時に寂庵に就職。3年目の2013年、長年勤めていた先輩スタッフたちが退職（春の革命）し、66歳離れた秘書として奮闘の日々が始まる。2017年より「まなほの寂庵日記」をスタート。15社以上の地方紙で掲載されている。同年11月に出版したエッセイ『おちゃめに100歳！ 寂聴さん』（光文社）がベストセラーになる。近著に『寂聴先生、ありがとう。』（朝日新聞出版）。『クロワッサン』（マガジンハウス）にて「口福の思い出」連載中。困難を抱かえた若い女性や少女たちを支援する「若草プロジェクト」（wakakusa.jp.net）の理事も務めている。

ブックデザイン――山岡　茂、山本雅一（スタジオ ギブ）
写真――篠山紀信
ヘアメイク――REINA
構成――堀　香織
協力――吉川　慧（Business Insider Japan）

寂聴先生《じゃくちょうせんせい》、コロナ時代《じだい》の「私《わたし》たちの生《い》き方《かた》」教《おし》えてください!

2020年8月20日　初版第1刷発行

著　者　瀬戸内寂聴《せとうちじゃくちょう》　瀬尾《せお》まなほ
発行者　田邉浩司
発行所　株式会社　光文社
〒112-8011
東京都文京区音羽1-16-6
電　話　編集部 03-5395-8172
書籍販売部 03-5395-8116
業務部 03-5395-8125
メール　non@kobunsha.com

落丁本・乱丁本は業務部へご連絡くだされば、
お取り替えいたします。

組　版　堀内印刷
印刷所　堀内印刷
製本所　ナショナル製本

ISBN978-4-334-95186-3

瀬尾まなほ 撮